Markus Sommer

Die natürliche Reiseapotheke

aethera®

die heilenden Kräfte im Menschen stärken,
die Bildung des eigenständigen Urteils unterstützen,
die Initiativbereitschaft von Patienten und Verbrauchern fördern.

An der Herausgabe des aethera-Programmes wirken mit:
der Verein für Anthroposophisches Heilwesen,
die Heilmittelfirma Weleda, die Gesellschaft Anthroposophischer Ärzte
und die Medizinische Sektion am Goetheanum.

Über dieses Buch: Wer Naturheilmittel schätzt, wird auch auf Reisen nicht darauf verzichten wollen. Die anthroposophische Medizin bietet viele bewährte Präparate, mit denen Sie die meisten Krankheiten, die unterwegs auftreten, vermeiden oder wirksam behandeln können, soweit dies durch Selbstmedikation möglich ist. Durch den praktischen Aufbau dieses Ratgebers können Sie sich bereits vor Reiseantritt gezielt auf alle Eventualitäten vorbereiten. Das alphabetische Register ermöglicht eine rasche Orientierung und hilft beim Auffinden der Krankheitssymptome sowie der entsprechenden Heilmittel.

Über den Autor: Dr. Markus Sommer (geboren 1966) studierte in München Medizin und sammelte anschließend klinische Erfahrungen im Bereich der Inneren Medizin, Geriatrie und Neurologie sowie bei der praktischen Anwendung von anthroposophischer Medizin und Homöopathie. Auslandstätigkeit in einer Warschauer Kinderklinik, daneben Reisen mit begleitender ärztlicher Tätigkeit u.a. in Polen, Russland, Georgien, Nepal, Indien, Finnland, Norwegen und der Türkei. Seit 1988 regelmäßige Vortragstätigkeit im Medizinischen Seminar Bad Boll, Mitarbeit in der Arzneimittelkommission der Hufelandgesellschaft. Zahlreiche Veröffentlichungen zum Substanzverständnis, zur Toxikologie und zur Behandlung mit anthroposophischen Heilmitteln. Zur Zeit arbeitet er als niedergelassener Arzt in München mit Schwerpunkt in der Behandlung chronisch kranker Patienten.

Markus Sommer

Die natürliche Reiseapotheke

Wichtiger Hinweis: Sämtliche Angaben und Empfehlungen in diesem Buch wurden mit größter Sorgfalt überprüft und in Übereinstimmung mit dem neusten Wissensstand erarbeitet. Bei Heilmittel- oder Therapie-Empfehlungen handelt es sich um eine subjektive Auswahl ohne Anspruch auf Vollständigkeit, in der sich die Verordnungspraxis des Autors spiegelt. Die Nennung von Handelsnamen oder Warenbezeichnungen geschieht im Rahmen der allgemeinen Pressefreiheit ohne Rücksicht auf Erzeugerinteressen; eine Werbeabsicht ist damit keinesfalls verbunden.

Angaben zu Medikamenten und therapeutischen Maßnahmen erfolgen mit der Einschränkung, dass Dosierungs- oder Anwendungshinweise durch neue Erkenntnisse in der Forschung, klinische Erfahrungen und das sich verändernde Angebot an Präparaten dem Wandel der Zeit unterworfen sein können. Da auch menschliche Irrtümer oder Druckfehler nie ganz auszuschließen sind, wird für Anwendungs- und Dosierungshinweise sowie für die Wirkung der Präparate keine Gewähr übernommen.

Jeder Benutzer wird dringend aufgefordert, die Angaben in diesem Buch anhand der Herstellerinformationen auf dem Beipackzettel auf ihre Richtigkeit zu überprüfen und die dort gegebenen Empfehlungen für die Dosierung und Kontraindikationen zu beachten. In Zweifelsfällen sollte immer ein Arzt oder ein Angehöriger der Heilberufe aufgesucht werden, insbesondere wenn die Beschwerden über mehrere Tage andauern. Die Angaben in diesem Buch sind weder dazu bestimmt noch geeignet, einen notwendigen Arztbesuch zu ersetzen. Eine Haftung von Seiten des Autors oder des Verlags für Personen, Sach- und Vermögensschäden ist ausgeschlossen.

Für Fragen an den Verlag oder den Autor benutzen Sie bitte die dem Buch beiliegende Antwortkarte.

1. Auflage 1999
Aethera im Verlag Freies Geistesleben & Urachhaus GmbH
Landhausstr. 82, 70190 Stuttgart
Internet: www.aethera.de
ISBN 3-7725-5008-8
© Verlag Freies Geistesleben & Urachhaus GmbH, Stuttgart
Umschlagbild: Daniela Nowitzki, Vellberg
Druck: Offizin Chr. Scheufele, Stuttgart

Inhalt

Zum Geleit

Immer schon hat es Menschen gegeben, denen es zu Hause zu eng wurde oder die irgendwo in der weiten Welt eine Mission zu erfüllen hatten und deshalb in ferne Gegenden aufbrachen. Denken wir nur an die langen Wege, die Paulus oder Paracelsus zurückgelegt haben. Reisen erweitert den Horizont. Dies erkannte man schon früh, und deshalb mussten sich auch die jungen Handwerksburschen seit dem Mittelalter auf Wanderschaft begeben, wobei es ihnen für eine gewisse Zeit untersagt war, in den heimatlichen Bereich zurückzukehren.

Reiselust und vor allem Reisemöglichkeit für alle Bevölkerungsschichten ist aber ein Phänomen unserer Tage. Früher gab es einzelne Reisende (Marco Polo, Alexander von Humboldt, Sven Hedin usw.), deren Berichte die Phantasie der Daheimgebliebenen anregten. Heute kann fast jeder selbst für einige Zeit ein fernes Land besuchen.

Es ist eine positive Entwicklung, dass man nun aus eigener Anschauung Lebensverhältnisse kennen lernen kann, die sich stark von den eigenen unterscheiden. Durch Reisen können andere Landschaften, Religionen, Völker und deren unterschiedliche Bewältigung des Alltags unmittelbar erlebt werden. Man kann dabei begreifen, dass wir alle Teil *einer,* wenn auch vielfältig gegliederten Menschheit sind, und Nachrichten aus den besuchten Regionen werden uns nach einem solchen Kennenlernen anders berühren als zuvor.

Aber das Reisen kann uns auch den Blick für das Eigene neu eröffnen. Man sieht z.B. unsere saftig grünen Wälder und Wiesen mit anderen Augen, wenn man erlebt hat, wie knapp in vielen Regionen der Erde das Wasser ist. Man staunt aber vielleicht auch darüber, wie sorglos in unseren Breiten oft mit dem Wasser umgegangen wird, wenn man erlebt hat, wie wenig von der kostbaren

Flüssigkeit in anderen Ländern zur Deckung der Alltagsbedürfnisse ausreichen muss. Vielleicht vergrößert sich auch die Toleranz gegenüber jenen, die aus fernen Regionen kommend bei uns leben. Aber natürlich bedeutet es auch ganz einfach Freude und Erholung, einmal aus den üblichen Verhältnissen herauszutreten und sich im Urlaub ganz neuen Eindrücken hinzugeben.

Reisen kann aber auch seine Schattenseiten haben. Auch das ist nicht neu; schon die Kreuzfahrer sahen sich im Süden mit unbekannten Krankheiten konfrontiert und brachten diese nur zu oft mit nach Hause, wo sie sich zum Teil seuchenartig ausbreiteten.

Glücklicherweise muss es heute nicht mehr so schlimm kommen. Aber wenigstens eine Verdauungsstörung in fremden Ländern bleibt wohl kaum einem Reisenden erspart. Wie den Gefahren für Gesundheit und Wohlbefinden begegnet werden kann und auf welche Weise leichtere Erkrankungen selbst behandelt werden können, soll in diesem Büchlein dargestellt werden. Hierbei werden im Wesentlichen Behandlungsmöglichkeiten der anthroposophischen Medizin aufgezeigt.

Oft wird der Mensch als mehr oder weniger mechanisch funktionierendes System aufgefasst, das, wenn Störungen aufgetreten sind, ‹repariert› werden muss, z.B. indem man störende eingedrungene Keime mit einem Antibiotikum abtötet. Die anthroposophische Medizin verzichtet zwar auf solche Maßnahmen nicht, sofern diese notwendig sind, sie begreift den Menschen aber seinem Wesen nach als lebendig, beseelt und geistig selbstbestimmt und versucht, ihn dementsprechend zu behandeln. Dabei unterstützt sie die Selbstheilungskräfte des Patienten und erkennt seine Eigenverantwortlichkeit an. Auch daher ist es richtig, Wege zur Krankheitsvermeidung und Selbsthilfe aufzuzeigen. Diese Ratschläge können die individuelle Beratung durch den Hausarzt nicht ersetzen (vor allem dann nicht, wenn grundsätzliche gesundheitliche Probleme bestehen), sie können diese aber ergänzen.

Im Rahmen dieser kleinen Schrift kann nur eine begrenzte Anzahl von Gesichtspunkten berücksichtigt werden. Für denjenigen, der sich umfassend und eingehend über die Selbstbehandlung auch unter extremen Umständen, unter denen kein Arzt erreichbar ist, informieren möchte, steht eine ganze Reihe von Büchern zur Verfügung. Sehr ausführlich und empfehlenswert ist z.B. *Gesund auf Reisen* von Harald Bresser. Allerdings werden hier im Wesentlichen schulmedizinische Behandlungsmöglichkeiten aufgezeigt. Besonders gründlich werden auch Maßnahmen der Ersten Hilfe dargestellt.

Die im vorliegenden Buch vorgeschlagenen Medikamente sind meist pflanzlich, gelegentlich dienen aber auch tierische Substanzen (z.B. Bienengift) oder Mineralien als Ausgangsstoffe. Oft sind sie nach homöopathischer Methode potenziert, sie werden also in einer verfeinerten, ungiftigen, aber sehr wirksamen Form verabreicht. Einige Mittel bestehen aus einzelnen Substanzen, andere sind sogenannte Kompositionen. Bereits in der Natur findet man meist keine isolierten Einzelsubstanzen, sondern Kompositionen; so bildet jede Pflanze aus einer Vielzahl von Einzelstoffen und Kräften eine Ganzheit. Kompositionen können aber auch vom Menschen in bewusster Weise neu geschaffen werden, um eine bestimmte Wirkung zu erzielen. Unter Umständen werden dazu die einzelnen, zusammengefügten Substanzen auch gemeinsam potenziert. Gerade in der anthroposophischen Medizin – die ja auch den Menschen als eine Art Komposition verschiedener Aspekte zu einer Ganzheit versteht – spielen solche Kompositionsmittel eine große Rolle.

Realtiv häufig werden Präparate der Firmen Wala und Weleda genannt, da es sich bei ihnen um die beiden größten Hersteller anthroposophischer Arzneimittel handelt. Dies soll keine Werbung beabsichtigen, sondern spiegelt die eigene Verordnungspraxis wieder. Schließlich wurde versucht, Empfehlungen zu geben, die sich in der eigenen Praxis bewährt haben. Für die Mitteilung von Erfahrungen, die der Leser bei seinen eigenen Reisen damit macht, ist der Autor immer dankbar. Sie können sicher zu einer Weiterentwicklung dieses Ratgebers beitragen.

Zuletzt soll noch ein weiterer Aspekt des Reisens angesprochen werden, denn es geht nicht nur darum, unterwegs und am Urlaubsort selbst gesund zu bleiben. Der Reisende verändert auch sein Reiseziel. Die Reiseströme haben dazu geführt, dass manche Küstenregionen heute der Skyline einer Weltstadt gleichen, und die Hinterlassenschaften an Getränkedosen, Plastikabfall usw. an manch einem vormals kaum besuchten Ort lassen erkennen, dass auch dieser krank werden kann. Das muss nicht sein, und Bewusstsein für die Auswirkungen des eigenen Handelns prägen ja auch zunehmend das Verhalten daheim.

Auch im Urlaub lohnt sich ein Gedanke daran. Nicht nur für uns, auch für die Besuchten kann unsere Reise zu einer Bereicherung werden, wenn man achtsam miteinander umgeht. Ein echter Austausch kann auf beiden Seiten positive Veränderungen bewirken. Von großem Nutzen ist es dabei, wenn man wenigstens in den Grundzügen die Sprache der Urlaubsregion versteht. Auch das Aneignen der grundlegendsten Sprachkenntnisse kann zur Urlaubsvorbereitung gehören, die eine bevorstehende Reise noch fruchtbarer werden lässt.

Generelle Anwendungshinweise

Im Folgenden werden häufig Globuli genannt. Dies sind Kügelchen aus Rohrzucker, auf denen Arzneistofflösung angetrocknet wurde.

- Die Globuli sollten möglichst nüchtern, mindestens 10 Minuten vor einer eventuellen Mahlzeit, eingenommen werden. Man lässt sie unter der Zunge zergehen.
- Bei *Säuglingen* empfiehlt es sich, vor der Verabreichung die angegebene Menge Globuli in einer kleinen Menge Wasser, Tee oder Saft aufzulösen.
- Für *Diabetiker* ist eine gesonderte Berücksichtigung der durch die Einnahme von Globuli zugeführten Kohlenhydratmenge nicht erforderlich, wenn es sich nicht um sehr große Mengen handelt.

- Bei der *Dosierung* sind die Anwendungshinweise zu beachten, die den jeweiligen Präparaten beigegeben sind, sofern vom Arzt keine anders lautende Verordnung erfolgt ist. In der Regel werden bei sehr akuten Zuständen zunächst stündlich 5 Globuli oder Tropfen verabreicht. Mit zunehmender Besserung werden die Intervalle ausgedehnt. Später genügen 3–4 x tgl. 5 Globuli oder Tropfen.

- Wie alle Medikamente sollten auch die hier genannten Arzneimittel während der *Schwangerschaft und Stillzeit* nur nach Rücksprache mit dem Arzt angewendet werden. Allerdings sind bei keinem der genannten Präparate schädliche Wirkungen bekannt oder zu erwarten.

Die hochgestellten Ziffern bezeichnen Präparate folgender Hersteller:
[1] Wala, [2] Weleda

Bei einzelnen Mitteln besteht auch die Möglichkeit, diese in Form von Tropfen einzunehmen; es ist dann dieselbe Anzahl Tropfen einzunehmen wie Globuli. Ich persönlich bevorzuge alkoholfreie Darreichungsformen. Von Weleda gibt es einige Präparate auch als wässrige Tropfen aus rhythmisierten Grundsubstanzen (Rh-Präparate). Bei diesen Präparaten werden die zerkleinerten Pflanzen morgens und abends rhythmisch dem Licht ausgesetzt und auf 37 °C erwärmt bzw. auf 4 °C abgekühlt. Es finden dabei Fermentationsprozesse statt und es kommt zu stabilen, haltbaren Grundsubstanzen, die nicht zusätzlich konserviert werden müssen. Erfunden wurde ein solches rhythmisches Verfahren für Pflanzensäfte von Rudolf Hauschka, dem Begründer der ‹Wala›. Deren pflanzliche Heilmittel sind grundsätzlich in dieser Weise hergestellt, die darauf zielt, die Lebenskräfte der Pflanze zu erhalten und zu fördern. Wässrige Rh-Präparate (Weleda) sollen nach Anbruch im Kühlschrank aufbewahrt werden, wo sie drei Wochen haltbar sind.

In jedem Fall sollte die Packungsbeilage gelesen werden, da es einige spezielle Ausschlussmöglichkeiten geben kann (z.B. Überempfindlichkeit gegen Bienengift oder Arnika), auf die in dieser Schrift nicht in jedem Fall ausführlich eingegangen wird.

Günstiger Fahrtwind sandte der treffende Schütze Apollon,

Und sie erhoben den Mast und spannten die schimmernden Segel.

Voll erfasste die Segel der Wind, und die purpurne Woge

Brandete brausend gegen den Kiel des gleitenden Schiffes.

Homer

Reisekrankheit

Das Erreichen des Reiseziels kann zum Problem werden, gleichgültig ob es sich um eine Urlaubs- oder Geschäftsreise handelt. Empfindliche Menschen reagieren auf die langsamen und nahezu unbewussten Schaukelbewegungen in Auto, Zug, Flugzeug und vor allem auf dem Schiff mit Übelkeit bis hin zum Erbrechen. Weite Flugreisen nach Osten oder Westen bringen eine Zeitverschiebung mit sich, die sich im sogenannten ‹Jetlag› als erhebliche Störung des Wohlbefindens zeigen kann, während Reisen in Nord-Süd-Richtung keine Veränderungen mit sich bringen, die berücksichtigt werden müssen. Aber auch feinere Störungen des inneren Gleichgewichts und der Lebensrhythmen werden durch weite Reisen herbeigeführt.

Letztlich zeigt sich, dass fast alle diese Probleme damit zusammenhängen, transportiert *zu werden,* ohne aktiven Anteil daran zu haben. In diesem Sinne ist Reisekrankheit eine neuzeitliche Erscheinung, die z.B. im Mittelalter den sich meist zu Fuß fortbewe-

Wodurch kommt eine Reisekrankheit zustande?

Auch langsam kommt man zum Ziel! In vielen Ländern sind die traditionellen ‹Fortbewegungsmittel› auch heute noch unentbehrlich.

genden Menschen noch nicht betraf. Es ist uns überliefert, dass es den weit reisenden Dominikanermönchen ausdrücklich untersagt war, sich passiv fahren zu lassen. So mussten sie jedes Angebot, ein Stück des Wegs auf einem Ochsengespann bequemer zurückzulegen, ablehnen. Das Reisen war damals ebenso beschaulich wie beschwerlich, vollzog sich jedoch als selbst geführte, allmähliche Annäherung an das Reiseziel. Noch heute gibt es einige Regionen auf der Welt, z.B. im südamerikanischen Urwald, wo die Einwohner bei einer Flussfahrt mit dem Motorboot anhalten, sobald sie merken, dass sie ‹mit der Seele nicht nachkommen›. Von dieser Haltung sind wir heute meist weit entfernt. Es ist bemerkenswert, dass Rudolf Steiner, der Begründer der Anthroposophie, darauf hinweist, dass ein passives Bewegt-Werden in einem Verkehrsmittel, z.B. im Zug, das Herzorgan schädigt. Die mit zunehmendem Bewegungsmangel ansteigenden Herz-Kreislauf-Erkrankungen bestätigen diese Aussage.

Die Reisekrankheit im engeren Sinne tritt hauptsächlich dann auf, wenn man die Reise mit ihrer Ortsveränderung nicht bewusst verfolgt. Der Autofahrer selbst ist fast nie davon betroffen, sehr wohl aber der Karten lesende Beifahrer und die auf der Rückbank spielenden und Bilderbücher anschauenden Kinder. Die wissenschaftliche Erklärung dafür lautet, dass es zu einem ‹Missmatch› von Sinneseindrücken kommt, wenn die visuelle Wahrnehmung, z.B. beim Lesen, ein feststehendes Bild vortäuscht, während parallel dazu der Gleichgewichtssinn ein langsames Schaukeln wahrnimmt.

Erleben Sie die Reise innerlich mit!

Demgegenüber erscheint die Erklärung der Eingeborenen zwar einfacher, jedoch nicht weniger einleuchtend. Jedenfalls steht fest, dass Reisekrankheit seltener und schwächer eintritt, wenn regelmäßig gelüftet und die Bewegung bewusst mitvollzogen wird, indem man aus dem Fenster sieht und etwa alle zwei Stunden anhält, um sich in Ruhe die Füße zu vertreten und somit wieder ‹anzukommen›. Auch ist es gut, am Reiseziel, vor allem nach Langstreckenflügen, erst einmal einen gemütlichen Spaziergang zu machen, um den neuen Ort anzuschauen und bewusst wahrzunehmen.

‹Stop and go› zur Hauptreisezeit – und die ersehnte Fahrt in den verdienten Urlaub wird wieder zu einem beschaulichen Vorwärtskommen wie in früheren Zeiten.

Der Reisekrank-
heit vorbeugen

Medikamentös kann das Reisen generell ‹bekömmlicher› gemacht werden, wenn man *Aurum/Valeriana comp. Glob.*[1] einnimmt, am Reisevortag 3 x 5 Glob., am Reisetag bis zu stündlich 5 Glob. (bei Kindern ab 2 Jahren nur 2 bis 3 Glob.). Sind Erbrechen und Übelkeit von früher bekannt, so kann zusätzlich alle 2 Stunden eine *Nausyn® Tabl.*[2] oder 5 Glob. *Cocculus D6* genommen werden. Letzteres ist vor allem bei Übermüdung zu empfehlen. Bei aufkommender Übelkeit kann das Zeitintervall der Einnahme auf halbstündlich verkürzt werden. Selbstverständlich muss bei akuten Beschwerden die Autofahrt unterbrochen werden. Ist eine Unterbrechung (z.B. bei Bus-, Flug- oder Schiffsreisen) nicht möglich, können einige Tropfen *Melissengeist* die Beschwerden manchmal noch unterdrücken.

Vorsicht mit
Scopolamin-
Pflastern!

In der allgemeinen Reisemedizin wurden in den letzten Jahren oft Membranpflaster, die auf die Haut geklebt wurden, empfohlen. Sie geben kontinuierlich Scopolamin, einen Wirkstoff vieler Nachtschattengewächse, ab. Dies ist tatsächlich zur Vorbeugung der Reisekrankheit recht wirksam, allerdings nicht unproblematisch. Scopolaminhaltige Salben waren im Mittelalter als ‹Hexensalben› bekannt. Wurden diese großflächig in die Haut eingerieben, kam es zu Bewusstseinsveränderungen mit bizarren Halluzinationen, oft mit dem Gefühl zu fliegen. Auch in geringerer Dosis kann Scopolamin leicht bewusstseinsdämpfend wirken und das ‹innere Mitkommen› beim Reisen erschweren. Nebenwirkungen wie psychotische Reaktionen traten besonders bei älteren Menschen bzw. bei psychiatrischen und neurologischen Vorerkrankungen auf. Zumindest bei diesen Menschen ist also zur Vorsicht zu raten. Es sollte unbedingt darauf geachtet werden, ein solches Pflaster gleich nach Ende der Reise zu entfernen.

Jetlag

Der Jetlag mit Schlafstörung, Reizbarkeit, Kopfschmerzen, Appetit- und Verdauungsstörungen sowie Beeinträchtigung des Wohlbefindens tritt vor allem nach längeren Flugreisen in ost-westlicher, mehr noch in west-östlicher Richtung auf. Er hängt damit zusammen, dass beim Überschreiten mehrerer Zeitzonen die Synchronisation zwischen ‹innerer› und ‹äußerer› Uhr verschoben wird, was zu einer mehr oder minder gravierenden Störung der Lebensrhythmen führt. Diese individuell unterschiedlich ausgeprägte Reaktion lässt sich nicht völlig vermeiden und kann bis zu einer Woche lang das Lebensgefühl deutlich beeinträchtigen. Der Erholungswert eines kürzeren Urlaubs kann natürlich dadurch reduziert werden, zumal bei der Rückkehr noch einmal eine entsprechende Reaktion ansteht.

Im Anschluss an die Reise empfehlen sich daher einige Tage zur ‹Akklimatisierung›, bevor man wieder ganz in das berufliche Alltagsleben eintaucht. Bei Reisen mit Kindern ist abzuwägen, wie weit das Urlaubsziel entfernt liegen soll. Kinder reagieren empfindlicher auf Ortsveränderungen und gewöhnen sich erst allmählich an Fremdartiges. Allerdings kann eine Reise, die aus unserer hoch zivilisierten Welt herausführt, für schon etwas ältere Kinder zu einem tiefen und prägenden Ereignis werden.

Auch zur Vorbeugung des Jetlag hat sich *Aurum/Valeriana comp. Glob.*[1] in der genannten Dosis gut bewährt. Es ist wichtig, die Medikation während der gesamten Reisedauer und danach bis zum Abklingen der Erscheinungen beizubehalten.

Es wird berichtet, dass ein Gefühl von Abgespanntheit nach der Reise durch morgendliche Einnahme von einer Kapsel *Ferrum-Quarz*[2] rasch gemildert wird. Infolge des hohen Eisengehalts dieses Mittels kann sich der Stuhl schwarz verfärben, was harmlos ist. Bei Eisenspeicherkrankheiten und Eisenverwertungsstörungen darf dieses Arzneimittel nicht angewendet werden.

In letzter Zeit ist weiterhin Melatonin, das Hormon der Zirbeldrüse (Epiphyse), zur Vorbeugung des Jetlag sehr in Mode gekommen. In wenig seriösen Veröffentlichungen wird es gleichsam als ‹Wunderdroge› dargestellt. Tatsächlich steuert die Zirbeldrüse, die bei einfacheren Organismen auch ein Wahrnehmungsorgan für das Licht ist, bei manchen Tieren den Rhythmus von Aktivität und Schlaf und auch der Fortpflanzung etc.

Vorsicht mit der ‹Modedroge› Melatonin

Beim Menschen scheint die Zirbeldrüse u.a. in vielfältiger Weise an Regulationsaufgaben des Immunsystems beteiligt zu sein. Es wird ihr in diesem Zusammenhang eine Mitwirkung bei der Entstehung von Krebserkrankungen zugesprochen. Ebenso scheint sie an der Abstimmung der endogenen, d.h. körpereigenen Rhythmen (Schlaf-Wach- und hormonellen Rhythmen) mit den Tages- und Jahresrhythmen beteiligt zu sein. Insofern erscheint ein Einfluss des Melatonin auf Störungen, die durch eine Disharmonie von innerer und äußerer Uhr hervorgerufen werden, verständlich. Bei vielen Reptilien hat sich die Wahrnehmungsfunktion eines epiphysenassoziierten Organs für kosmische Rhythmen und Sonnenlauf erhalten. Es schaut unmittelbar durch eine transparente Hornschuppe als ‹drittes Auge› nach außen.

Beim Menschen hat die Epiphyse diese Funktion des nach außen gerichteten Sinnesorgans verloren. Sie ist im Laufe der Entwicklungsgeschichte in das Innere des Kopfes hineingenommen worden. In feinerer Weise hat die Epiphyse aber eine wesentliche Bedeutung für die Begegnung des Menschen mit seiner geistigen Ursprungswelt, in die der Mensch jede Nacht im Schlaf wieder eintaucht. Melatonin scheint an der leiblichen Seite dieses Übergangs beteiligt zu sein, obwohl die Einzelheiten seiner Wirkung noch weitgehend unbekannt sind. Es handelt sich um ein stark wirkendes Hormon, über das wir letztlich noch wenig wissen.

Die Geschichte hat gezeigt, dass das unbedarfte Manipulieren mit Hormonen (z.B. mit dem Cortison der Nebenniere oder den Sexualhormonen) über kurz oder lang zu erheblichen Störungen führen kann. Zieht man die angedeuteten intimeren Wirkungen der Zirbeldrüse in Betracht, so muss vor einem unkritischen Einsatz dieser Substanz, die in Deutschland bisher nicht als Medikament zugelassen ist, gewarnt werden. Negative Wirkungen wie die mögliche Auslösung von Depressionen sind inzwischen bekannt, und damit kommt ein regelmäßiger Einsatz von Melatonin zur Behandlung des Jetlag meines Erachtens nicht in Betracht.

Vitamin B12 Wesentlich harmloser, aber auch nicht ganz so wirksam ist es, nach der Ankunft am Reiseziel *Vitamin B12* einzunehmen. Diese Empfehlung wurde vor Jahren auf einem schlafmedizinischen Kongress gegeben. Zwar ist auch hier die genaue Ursache des Effekts unbekannt, jedoch hat sich die Gabe dieses allgemein im

Lebensbereich aufbauend wirkenden Vitamins tatsächlich in der Praxis bewährt. Die Dosierung liegt an den ersten drei Abenden bei jeweils 1 mg *Vitamin B 12* (z.B. 3 Tbl. *Cytobion 300*). Eine weitere gute Möglichkeit, die Wiederherstellung des Rhythmus zu finden, besteht in der Anwendung von *Cardiodoron mite*[2] (3 x tgl. 10 Tropfen; das Mittel sollte bei bekannter Überempfindlichkeit gegen Primeln nicht angewendet werden).

Wer mit der Eurythmie vertraut ist, kann sich mit dem sogenannten eurythmischen HALLELUIA vor dem Schlafengehen und einigen Fußübungen nach dem Aufstehen intensiver mit dem neuen Aufenthaltsort verbinden und einen regelmäßigen Schlafrhythmus fördern. *Eurythmieübungen*

Auch der oben erwähnte Spaziergang im Freien hilft, die allmähliche Gewöhnung an den veränderten Sonnenstand und an die damit verschobene Tageszeit zu erleichtern.

Menschen, die ohnehin leicht zu Schlafstörungen neigen, können vorsorglich *Passiflora comp. Glob.*[1] (7 Glob. vor dem Schlafengehen) in ihre Reiseapotheke aufnehmen. Auch ein *Melissentee* (ein gehäufter Teelöffel auf eine Tasse kochendes Wasser, ca. 5 Minuten ziehen lassen) kann das Einschlafen fördern, ebenso die berühmte Tasse warmer Milch mit Honig. Manche Menschen schlafen auf einem persönlichen ‹Schlafkissen› besser.

Die Ernährung während der Reise sollte leicht und eher sparsam sein, dagegen empfiehlt sich reichliches Trinken, z.B. von Mineralwasser, Tees und vorzugsweise Demeter-Möhrensaft. Die Reisekleidung ist so zu wählen, dass sie auch gegen Zugluft, z.B. durch Klimatisierung, schützt. Erkältungen, Verspannungen im Halswirbelsäulenbereich etc. können so von vornherein vermieden werden. *Ernährung und Kleidung*

… ich fühlte mich so jung, wie auf einen Stern versetzt,

auf dem das Leben neu beginnt. In einem neuen Klima.

Auf diesem Boden, unter diesem Himmel fühlte ich mich

wie ein junger Baum. Und ich streckte mich nach der Reise

und war so herrlich hungrig. Ich machte lange, elastische Schritte,

um mich vom weiten Flug zu erholen, und musste darüber lachen,

dass ich meinen Schatten wieder hatte – das war die Landung.

Antoine de Saint-Exupéry

Flugreisen

Häufige und weite Flugreisen sind, vor allem wenn sie hoch in den Norden oder auf der Südhalbkugel weit in den Süden führen, mit einer nicht ganz unerheblichen Strahlenbelastung verbunden (für einen Flug nach New York soll diese in Höhe einer Röntgenaufnahme des Brustkorbes liegen). Es besteht dadurch zwar keine akute Gefahr, Schwangere und kleine Kinder sollten dieser Belastung aber nur ausgesetzt werden, wenn es unbedingt nötig ist. Für Vielflieger bedeutet sie auf die Dauer eine geringe, aber statistisch fassbare Erhöhung ihres Krebserkrankungsrisikos. Menschen, die zu Beschwerden wie Kopfschmerzen bei Wetterwechsel neigen, erleiden diese ebenfalls häufig bei Flügen. Hier hat sich die Einnahme von *Solum uliginosum comp. Glob.*[1] (halbstündlich bis stündlich 7 Glob.) ausgezeichnet bewährt.

Erhöhte Strahlenbelastung beim Fliegen

Mit Zunahme der Flughöhe sinkt der Luftdruck innerhalb der Passagierkabine. Obgleich an Bord des Flugzeugs ein höherer Luftdruck aufrechterhalten wird, als es der Flughöhe entspricht, ist dieser deutlich niedriger als am Boden. Er ist vergleichbar mit demjenigen in etwa 2500 m Höhe. Dies kann bei herz- oder lungenkranken Patienten zu Problemen führen, da sich der Sauerstoffgehalt im Blut entsprechend vermindert. Im Zweifelsfall sollte vorher eine Beratung durch den Arzt erfolgen. Zu beachten ist, dass bei Anschlussflügen in kleinen Maschinen eine Druckkabine fehlen kann, so dass hier der Luftdruck noch deutlich unter den genannten fallen kann. Patienten mit Herz- und Lungenkrankheiten sollten diesbezüglich bei ihrem Reisebüro nachfragen.

Den Druckaus-gleich erleichtern

Der Druckabfall nach dem Start sowie der Druckanstieg vor der Landung macht einen Druckausgleich im Ohr erforderlich. Deshalb kommt es ähnlich wie in einem schnell fahrenden Aufzug zu einem Knacken im Ohr. Der Druckausgleich erfolgt über die Eustachische Röhre (‹Ohrtrompete›) zwischen Mittelohr und Rachen. Bei einer Erkältung ist diese oft geschwollen, was zu schmerzhaften und schließlich gefährlichen Druckdifferenzen im Ohr und anschließend zu einer Verstärkung des Tubenkatarrhs oder gar zu einer Mittelohrentzündung führen kann. Vor dem Flug muss daher die Nase frei sein.

Mit einer Erkältung sollte man möglichst nicht fliegen. Lässt sich dies nicht vermeiden, so sollte *Nasenbalsam*[1] oder *Nasenöl*[2] (1–2 Tropfen in jedes Nasenloch) verwendet werden. Gut ist hier auch ein Nasenspray-Fertigarzneimittel, das Meerwasser enthält und die Nasenschleimhäute nicht schädigt (*Rhinomer®-Nasenspray*). Reicht dies nicht aus, so muss ein anderes Nasenspray (*Nasivin®, Otriven®, Olynth®* u.a.) verwendet werden, das die Gefäße zusammenzieht und dadurch die Nasenschleimhaut abschwellen lässt, diese bei Daueranwendung aber gleichzeitig schädigen kann. Bei gestillten Säuglingen, die allerdings – wenn es sich irgendwie vermeiden lässt – überhaupt nicht fliegen sollten, wirkt es oft gut gegen Schnupfen, wenn man einen Tropfen Muttermilch in jedes Nasenloch gibt. Durch verschiedene Abwehrstoffe, die in der Milch enthalten sind, wird auch die Abheilung des Infekts beschleunigt.

Hat man keine Erkältung, so reicht es in der Regel aus, während des Starts und der Landung ein Bonbon zu lutschen. Das damit verbundene häufige Schlucken stellt den Druckausgleich zwischen Mittelohr und Umgebungsatmosphäre wieder her.

Bei Langstreckenflügen kann das lange, beengte Sitzen zu Venenthrombosen und im Extremfall sogar zu Lungenembolien führen. Patienten mit Venenproblemen wird daher sogar empfohlen, sich vor dem Abflug eine Heparin-Spritze zur Verminderung der Blutgerinnung und damit der Thrombosegefahr geben zu lassen. Hierüber sollt man mit dem Hausarzt sprechen. Im Allgemeinen wird es jedoch ausreichen, mindestens stündlich aufzustehen und ein wenig den Mittelgang entlangzulaufen. Soweit es möglich ist, sollten die Beine nicht dauernd angewinkelt, sondern möglichst ausgestreckt werden. Auch ein gelegentliches Anspannen der Muskulatur ist zu empfehlen. Auf eine ausreichende Trinkmenge ist zu achten; ‹Austrocknung› erhöht die Thrombosegefahr beträchtlich!

Venenstauungen durch langes Sitzen

Reisende mit Venenproblemen sollten vorbeugend *Hirudo comp. Glob.*[1] (3 x tgl. 15 Glob.) einnehmen und die Beine mit einem Rosskastanienöl oder einer Rosmarin-Lotion (z.B. Dr. Hauschka) einreiben. Ein sehr gutes Mittel ist hierfür auch *Lotio Pruni comp. cum Cupro*[2] (nicht anwenden bei Arnika-Überempfindlichkeit).

Ein weiteres Problem stellt die extrem trockene Luft in Flugzeugen dar. Die relative Luftfeuchtigkeit liegt im Allgemeinen unter 10%, da die angesaugte Außenluft fast frei von Wasserspuren ist. Dies kann zur Austrocknung der Schleimhäute und bei empfindlichen Kontaktlinsenträgern zu Reizerscheinungen führen, die gut durch *Euphrasia-Augentropfen* abgefangen werden können. Das entsprechende Präparat von Wala ist in Einzeldosis-Behältern (ohne Konservierungsmittel) abgepackt, das von Weleda in einem größeren Fläschchen mit einer schonenden Silberkonservierung. Auf der Reise, wenn man Augentropfen nur selten braucht, ist Ersteres praktischer, wenn eine häufigere Anwendung vorauszusehen ist, Letzteres.

Trockene Luft

Da an die Atemluft eine weitaus größere Flüssigkeitsmenge abgegeben wird als unter gewöhnlichen Umständen, muss die Trinkmenge auf das Doppelte des Normalen erhöht werden. (Dies erklärt auch, warum die Stewardessen so häufig Getränke reichen.)

Schleimhautreizung durch Ozonbelastung

Ein weiterer Grund für Schleimhautreizungen, die dann auch leicht einen viralen Infekt (Erkältung) nach sich ziehen können, liegt im oft erheblich erhöhten Ozongehalt der Luft in Flugzeugen. Vor allem im Frühjahr und Herbst können Ausläufer der Ozonschicht die Reiseflughöhe erreichen. Bei ozonausgelösten Schleimhautproblemen (Hustenreiz, Augenbrennen usw.) hat sich erfahrungsgemäß die Einnahme von bestimmten Nahrungsergänzungsmitteln bewährt, vor allem von solchen, die Vitamin E, Selen und Carotin enthalten. Es gibt hiervon inzwischen viele im Prinzip gleichwertige Präparate; ich selbst habe oft z.B. *Bakanasan Carotin plus Selen, C, E* (2 x tgl. 1 Kapsel) empfohlen. Diese Vitamine und das Selen tragen zur Entgiftung durch Bindung von freien Radikalen bei, was in begrenztem Umfang Ozon-, aber auch Strahlenwirkungen auszugleichen vermag. Es ist allerdings erforderlich, schon einige Tage vor der Flugreise mit der Einnahme zu beginnen. Reisende, die wissen, dass sie an ozonreichen Sonnentagen Schwierigkeiten bekommen, sollten dies erwägen. Alternativ kommt natürlich auch das reichliche Trinken von (Demeter)-Möhrensaft, Einnahme von Weizenkeimöl und Ähnlichem in Betracht.

Medikamenteneinnahme bei Zeitumstellung

Die Zeitumstellung bei Fernreisen wurde schon erwähnt. Bei Flugreisen kann die Zeitverschiebung so rasch erfolgen, dass der innere Rhythmus des Organismus empfindlich gestört wird. Gefährlich kann das vor allem für Menschen werden, die regelmäßig zu bestimmten Zeiten Medikamente nehmen müssen. Es ist dann zu berücksichtigen, dass sich die Länge des Reisetages bei einem Flug in West-Ost-Richtung verkürzt, was eine Reduktion der Medikamentendosis nötig machen kann, während sie sich in umgekehrter Richtung verlängert, was eine Zusatzgabe erforderlich machen kann. In erster Linie betrifft dies Diabetiker, vor allem, wenn sie Insulin spritzen müssen.

Diabetiker mit sogenannter intensivierter Therapie, die sich individuelle Insulinmengen vor den Mahlzeiten spritzen, haben es im Prinzip leichter, da sie jeweils die Insulinmenge auf die beabsichtigte Essmenge abstimmen. Sie müssen beim Reisen aber berücksichtigen, dass die Insulinempfindlichkeit des Körpers zu unterschiedlichen Tageszeiten verschieden ist. Da die Umstellung der inneren Rhythmen sich nicht mit derselben Geschwindigkeit vollzieht wie die Veränderungen der ‹äußeren› Zeit, muss am Reisetag noch die Heimatzeit berücksichtigt werden. Etwas komplizierter noch ist es für die Diabetiker, die sich regelmäßig festgelegte Insulinmengen spritzen. In jedem Fall müssen Einzelheiten mit dem behandelnden Arzt besprochen werden.

Auch bei der Einnahme anderer, zeitlich genau abgestimmter Medikamente wie Antiepileptica oder bei bestimmten blutgerinnungshemmenden Medikamenten (z.B. Marcumar) kann eine Anpassung erforderlich sein. In jedem Fall sollte mit dem Arzt darüber gesprochen werden, wenn die Zeitverschiebung mehr als 4 bis 5 Stunden beträgt. Am Rande sei vermerkt, dass es Berichte darüber gibt, dass in Einzelfällen durch sehr starke Zeitverschiebungen auch die Wirksamkeit der ‹Anti-Baby-Pille› beeinträchtigt sein kann. Vor längeren Flügen sollte gegebenenfalls eine Beratung durch den Frauenarzt erfolgen.

Mignon

Kennst du das Land, wo die Zitronen blühn,
Im dunkeln Laub die Gold-Orangen glühn,
Ein sanfter Wind vom blauen Himmel weht,
Die Myrte still und hoch der Lorbeer steht,
Kennst du es wohl?
Dahin! dahin
Möcht ich mit dir, o mein Geliebter ziehn!

Kennst du das Haus? Auf Säulen ruht sein Dach,
Es glänzt der Saal, es schimmert das Gemach,
Und Marmorbilder stehn und sehn mich an:
Was hat man dir, du armes Kind, getan?
kennst du es wohl?
Dahin! dahin
Möcht ich mit dir, o mein Beschützer, ziehn!

Kennst du den Berg und seinen Wolkensteg?
Das Maultier sucht im Nebel seinen Weg,
In Höhlen wohnt der Drachen alte Brut,
Es stürzt der Fels und über ihn die Flut:
Kennst du ihn wohl?
Dahin! Dahin
Geht unser Weg! o Vater, lass uns ziehn!

Johann Wolfgang Goethe

Verletzungen und Verbrennungen

Durch ungewohnte sportliche Betätigung in den Bergen oder im Wasser kommt es im Urlaub häufig zu – glücklicherweise meist kleineren – Verletzungen. Es empfiehlt sich, in den ersten Urlaubstagen die körperliche Aktivität langsam zu steigern und die Naturgewalten, z.B. Wetter und Gezeiten, zu respektieren. Besonders im Gebirge ist es wichtig, die Belastung nur allmählich zu steigern. *Muskelkater und kleinere Verletzungen*

Ein allmähliches ‹Aufwärmen› kann vor Muskelverspannungen und Muskelfaserrissen schützen. Öleinreibungen z.B. mit *Arnika Massageöl*[2] oder *Fitness Körperöl*[1] können dabei helfen. Nach der Anstrengung angewendet, können diese Öle dazu beitragen, einen ‹Muskelkater› zu vermeiden. Besteht schon ein stärkerer Muskelkater, kann ihm durch Einnahme von *Arnica e planta tota D6 Glob.* (stündlich 5 Glob.) entgegengewirkt werden.

Sollte es zu größeren Verletzungen kommen, so müssen diese ärztlich versorgt werden, da eine professionelle Wundreinigung und unter Umständen das Nähen der Wunde erforderlich sein *Wann ist ärztliche Versorgung nötig?*

kann. Oberflächliche Wunden und saubere kleine (z.B. Schnitt-)
Verletzungen können meist selbst behandelt werden.

Bisswunden durch Tiere Bei Bisswunden durch Tiere muss immer der Arzt aufgesucht
werden. Auch wenn sie scheinbar klein sind, können sie weit in
die Tiefe reichen (z.B. Katzenbissverletzungen!). Meist sind sie
mit unangenehmen Keimen verunreinigt. Im Ausland ist die Toll-
wut oft noch weiter verbreitet als bei uns. Ein großer Teil der
Tollwuterkrankungen des Menschen wird aus Urlaubsländern ‹im-
portiert›. Ist die Krankheit einmal ausgebrochen, verläuft sie immer tödlich. Es ist aber möglich, ihr durch eine korrekte Erstbe-
handlung vorzubeugen.

Wundreinigung mit Calendula-Essenz Generell sollten Wunden vor der Abdeckung mit Pflaster oder
Verband mit *Calendula-Essenz* gereinigt oder desinfiziert werden.
Dazu geeignet ist z.B. ein Jod-Komplex, der kein unangenehmes
brennendes Gefühl hervorruft: PVP-Jod (z.B. *Betaisodona®-Lö-
sung, Braunol 2000®* und Ähnliches). Allerdings müssen Schild-
drüsenkranke (z.B. mit schwerer Schilddrüsenüberfunktion oder
autonomem Adenom) vorher mit ihrem Arzt klären, ob sie wegen
des Jodgehalts dieses Mittel anwenden dürfen. Auch bei
Jodallergie sind diese Mittel zu meiden.

Um die Blutung einer Wunde zu stillen, genügt gewöhnlich der
Druck z.B. eines Verbandes. Daneben kann man eine Tinktur aus
Hirtentäschelkraut einnehmen (Capsella bursa pastoris ø), alle 5
Nasenbluten Minuten 5–10 Tropfen, bis die Blutung steht. Bei Nasenbluten,
gegen das Hirtentäschelkraut ebenfalls sehr gut hilft, sollte man
den Kopf nach vorn halten, um eine durch das Verschlucken von
Blut entstehende Übelkeit zu vermeiden, und einen kalten Lappen
in den Nacken legen. Außerdem sollte man für einige Minuten die
Nasenflügel leicht zusammendrücken.

Gute Wundheilung mit Arnika innerlich Bei allen Verletzungen kann zur besseren Wundheilung und zur
raschen Rückbildung von Blutergüssen *Arnica e planta tota D6
Glob.* genommen werden, bei scharfen Wundrändern (z.B. Schnitt-
wunden) außerdem anfangs 3 x 5 Glob. *Staphisagria e semine D12*.
Selbstverständlich müssen offene Wunden mit einem Verband versorgt und tiefere Wunden mit starker Blutung oder Verschmutzung

Bei Wanderungen durch unwegsames Gelände gehört eine Ausstattung zur Sofortbehandlung von Verletzungen unbedingt ins Gepäck.

vom Arzt behandelt werden. Auf ausreichenden Tetanusimpfschutz *Tetanusimpfschutz* (Grundimmunisierung durch dreimalige Impfung, Auffrischung *ist wichtig!* nach 10 Jahren im Anschluss an Antikörperbestimmung) ist unbedingt zu achten. Riss- und Platzwunden neigen zu Wundheilungsstörungen, denen mit *Calendula D3* vorgebeugt werden kann.

Bei tiefen und verschmutzten Wunden sollte ein Arzt aufgesucht werden. Daneben kann *Ledum D3* verabreicht und mit *Hepar sulfuris D12* kombiniert werden. Diese Mittel vermögen auch bei sonst sehr infektionsgefährdeten Verletzungen (z.B. durch Seeigelstacheln), die selbstverständlich ärztlich versorgt werden müssen, Schmerzen schnell zu lindern und Komplikationen vorzubeugen.

Arnika mindert Schwellung und Bluterguss.Verstauchungen, Zerrungen, Blutergüsse ohne offene Wunden können ebenfalls mit Arnika innerlich behandelt werden. Gleich nach der Verletzung kann als erste Hilfe ein *Arnika-Wundtuch*[1] aufgelegt werden, das man ‹für

Ein Fahrrad genügt diesem indischen Touristen, seine Reiselust zu befriedigen.

Knochenbrüche

alle Fälle› immer bei sich führen sollte. Anschließend dick mit *Arnika-Salbe*[1] *oder Arnika-Gelee*[2] einreiben und gegebenenfalls bandagieren (Salbe 2 x tgl. auftragen). Zusätzlich bei Zerrungen *Ruta ex herba D6* einnehmen. Alle äußerlichen Arnika-Anwendungen müssen unterbleiben, wenn eine Überempfindlichkeit gegen die Pflanze bekannt ist.

Es ist günstig, wenn bei Reisegruppen zumindest ein Teilnehmer einen Erste-Hilfe-Kurs absolviert hat. Generell sollte, wenn die Funktion des verletzten Körperteils ernsthaft beeinträchtigt ist (z.B. mangelnde Beweglichkeit, Störungen der Empfindung oder starker Schmerz), ein Arzt hinzugezogen werden.

Auch ein auffälliger Bluterguss verbunden mit Schmerzen beim Bewegen sollte Grund genug für einen Arztbesuch sein. Immer wieder kommen Patienten in die Praxis, die bereits vor Tagen einen Knochenbruch erlitten hatten, die aber glaubten, ‹ein wenig Schmerzen müsse man schon aushalten›. Bei einem Knochenbruch ist es zunächst erforderlich, dass die Bruchenden vom Arzt in korrekter Weise fixiert werden. Im Allgemeinen geschieht dies durch einen Gipsverband, gelegentlich ist auch eine Operation erforderlich.

Gewöhnlich kann man anschließend auf die Heilungskraft des Organismus vertrauen, welche ein Bindegewebswachstum (Kallus) veranlasst, das den Bruchspalt überwindet und schließlich verknöchert. Die ‹Schulmedizin› kann zunächst nur den physischen Leib behandeln, indem sie eine (durchaus notwendige!) mechanische Behandlung vornimmt. Die anthroposophische Medizin kann zusätzlich auf das anschließende Heilungsgeschehen der Lebenskräfteorganisation Einfluss nehmen. Die Heilung verläuft dann schneller und komplikationsärmer.

Man kann im Hinblick darauf die Heilung mit *Symphytum comp.* unterstützen. Namensgleiche, aber inhaltlich verschiedene Präparate gibt es von Wala und Weleda. Ich verordne fast immer die Globuli von Wala (3 x 7 Glob.). In den ersten zwei Wochen nach dem Bruch kann gelegentlich aber durch den Gehalt an *Bellis perennis* (Gänseblümchen) das Weleda-Mittel (3 x 7 Tropfen) günstiger sein, wärend ich später das Wala-Mittel wegen des Gehalts an *Stannum D14* (Zinn), das günstig auf die Kallusbildung wirkt, bevorzugen würde. Zusätzlich ist *Periosteum Gl D15*[1] in der Anfangszeit tgl. eine Ampulle zur Schmerzlinderung oral, dann als *Gl D6* jeden zweiten Tag eine Ampulle zur Heilungsförderung empfehlenswert. Auch bei komplizierten Knochenbrüchen, die wegen lange ausbleibender Heilung operiert werden sollten, habe ich mit diesen Medikamenten gute Erfahrungen gemacht. Wenn Ihr Arzt mit solchen Methoden vertraut ist, sollten Sie die Behandlung natürlich mit ihm besprechen.

Es ist zu beachten, dass in Ländern mit geringerem Lebensstandard steriles Injektionsmaterial nicht immer zur Verfügung steht. Um die Übertragung von HIV oder Hepatitis völlig auszuschließen, sollte man einige sterile Spritzen (z.B. fünf 2ml und fünf 5ml Spritzen) sowie Kanülen (z.B. fünf 18er- und fünf 2er-Kanülen) mitnehmen. Man bekommt sie in der Apotheke.

Für die Anfangsbehandlung nach Verbrennungen sind Umschläge mit *Brandessenz*[1] optimal, die 1:10 mit Leitungswasser oder abgekochtem Wasser verdünnt ist. Falls diese nicht zur Hand sein sollte, kann *Wund- und Brandgel*[1] oder *Combudoron® Gelee*[2] dick aufgetragen werden; der anschließend angelegte lockere Verband muss mit abgekochtem Wasser feucht gehalten werden. Bei Blasenbildung ist ein steriler Verband anzulegen. Bei allen großflächigeren (mehr als zwei Handflächen des Verletzten groß) und intensiveren Verbrennungen (starke Blasenbildung oder gar Verkohlung) und Verbrühungen muss ein Arzt hinzugezogen werden. Auch bei Brandwunden ist auf Tetanus-Impfschutz zu achten.

Verbrennungen

In Wirklichkeit reist man aus Ungenügen,

aus Neugier, aus Unruhe. Jede Reise ist ein

kritisches Unternehmen, eine Form der Selbstkritik,

eine Kritik an den Zuständen, in denen man lebt,

der schöpferischen Unruhe, des Zwanges,

sich der Welt zu stellen.

Alfred Andersch

Sonnenbrand

Ein Sonnenbrand ist auch eine Art Hautverbrennung. Durch den
zunehmenden UV-Anteil im Sonnenlicht tritt immer leichter
ein Sonnenbrand auf. Da man, vom lichtarmen Büroalltag,
von der Schule usw. lichthungrig, sich im Urlaub meist vermehrt
der Sonne aussetzt, ist das Risiko eines Sonnenbrands in dieser
Zeit besonders hoch. Die dadurch ausgelöste Hautentzündung
kann die Urlaubsfreude mehrere Tage empfindlich beeinträchtigen.

Darüber hinaus steigt mit jedem Sonnenbrand – vor allem bei
Kindern – auch das Risiko, an einem malignen Melanom (bösartigen Hautkrebs) zu erkranken, während die ‹gutartigeren› Haut-
krebsarten des Basalioms und Spinalioms eher von einer chronischen Sonnenbelastung der Haut herrühren, die nicht unbedingt
von einem Sonnenbrand ausgelöst sein müssen. Den letztge-
nannten bösartigen Erkrankungen geht oft eine chronische Haut-
veränderung (aktinische Keratose) voraus, die treffend als ‹See-

*Sonnenbestrah-
lung und Haut-
tumore*

Die empfindliche Haut von Kindern ist in sonnenreichen Gegenden besonderen Belastungen ausgesetzt.

fahrer-› oder ‹Landfrauen-Haut› bezeichnet wird, aber heute auch z.B. ‹Bergsteiger-› oder ‹Surfer-Haut› heißen könnte.

Sonnenempfindlichkeit ist individuell verschieden

Es ist daher besser, eine übermäßige Sonnenbelastung der Haut und damit einen Sonnenbrand zu vermeiden. Dabei ist die unterschiedliche Empfindlichkeit der Haut zu berücksichtigen. Besonders gefährdet sind die ‹keltischen› Typen, das sind Menschen mit heller Haut, rot-blondem Haar und der Neigung zu Sommersprossen. Mehr Sonne halten ‹mediterrane› Typen aus, deren relativ dunkle Haut schnell bräunt.

In den Mittagsstunden die Sonne meiden

Am wirksamsten und harmlosesten ist der physikalische Sonnenschutz, d.h. sich nur insoweit der Sonne auszusetzen, wie man es persönlich verträgt. In den meisten sonnenreichen Ländern ist es selbstverständlich, dass ‹Siesta› gehalten wird und man sich in den Mittagsstunden im Haus oder zumindest im Schatten aufhält. So ist es zum Beispiel in Israel bereits jedem Kind bewusst, dass man sich zwischen 10.30 Uhr und 15.30 Uhr keiner direkten Sonnenbestrahlung aussetzt. Lässt sich dies nicht vermeiden, so sollte (je nach Temperatur mehr oder minder leichte) die Arme und Beine bedeckende Kleidung getragen werden.

Besonders empfindlich sind die Hautpartien, auf die die Sonnenstrahlung senkrecht auftrifft: Schultern, Nasenrücken, Unterlippe (!) und die Region unter den Augen sowie Ohren. Dies sind daher auch die Stellen, an denen bevorzugt Hautkrebs auftritt. Ein oft unzureichend gegen Sonne geschütztes Gebiet ist vor allem bei Männern die durch schütteres Haupthaar nur mäßig bedeckte Kopfhaut. Ein Hut ist daher der ideale Schutz, der gleichzeitig eine Überhitzung (siehe ‹Hitzschlag›) verhindert und unbedingt auch für Kinder zu empfehlen ist. Bei Berg- und Kanutouren etc. ist ein Hut oder eine Kappe unverzichtbar!

Tragen Sie einen Hut!

Oft wird übersehen, dass UV-Strahlung dünnere Wasserschichten gut durchdringt, weshalb man auch beim Baden und Schwimmen der Sonne ausgesetzt ist. In den Mittagsstunden und besonders in südlichen Gefilden wie der Karibik muss hier Vorsorge getroffen werden: Einige Sonnenschutzmittel sind wasserfest, einen guten Schutz – zumindest des Oberkörpers – bietet bei extremer Sonnenempfindlichkeit auch das Baden mit einem T-Shirt, wobei sich eine dunkle Farbe empfiehlt, da das Sonnenlicht auch feuchten weißen Stoff gut zu durchdringen vermag; die unbedeckten Hautabschnitte bleiben allerdings gefährdet. Hier sind auch wasserfeste Sonnenschutzmittel zu empfehlen.

Sonnenschutz beim Baden und im Hochgebirge

Eine erhöhte Lichtintensität besteht auch im Hochgebirge, weil hier der Schutz durch die UV-absorbierende Wirkung dichterer Luftschichten vermindert ist. Tückisch ist zudem, dass die niedrigeren Außentemperaturen und der kühlende Wind hier die Sonnenwirkung oft erst dann spüren lassen, wenn es zu spät ist.

Das Auftragen von Sonnenschutzmitteln stellt den oben genannten Maßnahmen gegenüber nur einen zusätzlichen Schutz dar, bei starker Sonneneinstrahlung und Empfindlichkeit ist jedoch ein Lichtschutzfaktor von über 10 erforderlich. Bei einigen Sonnenschutzmitteln ist es notwendig, sie etwa 20 Minuten vor dem Lichtkontakt aufzutragen, da sie erst in die oberste Hautschicht einziehen müssen (Packungsbeilage beachten!).

Sonnenschutz-präparate

Paradoxerweise können Sonnenschutzpräparate bei manchen Menschen über sogenannte photoallergische Reaktionen die Sonnenempfindlichkeit sogar steigern. Dies kann auch für ‹biologische› Präparate gelten. Empfehlenswert sind daher Mittel, die durch ihren Pigmentgehalt (meist Titandioxid) die Sonne abschirmen und möglichst wenige, verträgliche oder keine Duftstoffe enthalten. Zusätzliche Sicherheit kann ein Hinweis auf dermatologische Testung des Präparates bieten. Auf diesem Sektor gibt es eine breite Produktpalette, wobei auch anthroposophische Hersteller sehr empfehlenswerte Präparate anbieten.

Allergische Dermatitis durch Duftstoffe und Gräser

Photoallergisierend wirkt Bergamotteöl, das z.B. in Kölnisch Wasser enthalten ist. Parfüm-Mischungen dürfen deshalb nie auf sonnenbeschienene Hautareale aufgetragen werden. Immer wieder sieht man Patienten mit zunächst entzündlichen und später verstärkt pigmentierten Hautreaktionen, wenn diese Regel missachtet wird.

Auch einige Kräuter können eine übermäßige Steigerung der Sonnenempfindlichkeit auslösen. Die sogenannte ‹Wiesengras-Dermatitis› führt zu ebenso eindrucksvollen wie unangenehmen roten Zeichnungen der Blätter auf der sonnenausgesetzten Haut, nachdem man mit bloßer Haut auf der Wiese gelegen ist. Es sollte daher immer ein Tuch oder eine Matte untergelegt werden. Auch die Berührung des Riesenbärenklaus ruft eine Steigerung der Sonnenempfindlichkeit hervor. Dieser bis über 2 m hohe Doldenblütler ist an sich ungiftig, setzt man sich nach seiner Berührung aber der Sonne aus, so können schwer heilende Brandblasen die Folge sein. Zur Abheilung der allergischen Dermatitis sowie der unspezifischen ‹Sonnenallergie› hat sich neben einer Sonnenlicht-Karenz das Präparat *Urtica comp. Glob.*[1] (1–3 x tgl. 10 Glob. bis zur Besserung) gut bewährt. Äußerlich kann auch hier *Wund- und Brandgel*[1] oder *Combudoron®*[2] angewendet werden. Bei Letzterem ist darauf zu achten, dass keine Arnika-Allergie bestehen darf.

Starker Sonnenbrand

Ist dennoch ein Sonnenbrand entstanden, so ist Folgendes zu beachten: Ein schwerer und großflächiger Sonnenbrand entspricht in seiner Wirkung auf den Organismus einer großflächigen Verbrennung. Er kann zu Fieber und Störungen im Salz- und Wasserhaushalt führen, was sich schlimmstenfalls in Schwäche, ‹Zittrigkeit› und unter Umständen in Muskelkrämpfen und Bewusstseinsstörungen äußert. Sollten solche bedrohlichen Zeichen auftreten, so muss umgehend ein Arzt hinzugezogen werden. In jedem Fall ist darauf zu achten, dass man mehr Flüssigkeit und Salze (z.B. Gemüsebrühe aus Brühwürfeln) benötigt als sonst. Zur Linderung der Beschwerden und Beschleunigung der Abheilung ist zu empfehlen, *Wund- und Brandgel* aufzutragen; falls sehr starker Sonnenbrand vorliegt, wird ein Umschlag mit verdünnter (1:10) *Brandessenz*[1] als angenehmer empfunden (z.B. T-Shirt damit anfeuchten). Bei großer Berührungsempfindlichkeit kann es sehr hilfreich sein, die Lösung (z.B. mit einer sauberen [!], vorher noch nicht anderweitig verwendeten Blumenspritze) aufzusprühen. Innerlich kann gegen die

lokale Entzündung *Apis D30* (2 x tgl. 5 Glob.) gegeben werden.

Da die Haut durch Sonne und Wind vermehrt austrocknet, kann eine Feuchtigkeitspflege erforderlich sein. Nach stärkerer Sonneneinwirkung kann die Anwendung von ‹After Sun›-Präparaten sinnvoll sein, um die Regenerierung der Haut anzuregen und die Reizungen zu lindern. Empfehlenswerte Präparate gibt es auch von verschiedenen anthroposophischen Herstellern.

Die Gefahr, sich beim Wassersport zu stark der Sonne auszusetzen, darf nicht unterschätzt werden.

Starke Sonneneinwirkung kann auch zu ›Fieberbläschen‹ oder ›Gletscherbrand‹ genannten brennenden Lippen führen. Näheres dazu siehe S. 72.

Lass hinter dir die Heimat, die dich quält,

Und nicht den Geist begreift, der dich beseelt!

Lass hinter dir die Arbeit, die dich bückt,

Und deine Frohne, die dich niederdrückt!

Lass hinter dir das Dorf, drin du geweilt,

Das nichts mit dir als Irdisches geteilt!

Lass hinter dir das alles, rufet stets

Der Geist in mir, und in die Welt mich wehts.

Christian Wagner

Bindehautreizung

Die Sonne in ihrer wohltuenden Wärme- und Lichtqualität gibt dem Menschen Kraft und wirkt anregend bis hinein in das körpereigene Immunsystem und die Vitamin D-Versorgung. Allerdings ist das Licht sinnvoll zu dosieren.

Starke Sonneneinstrahlung verursacht nicht nur ein unangenehmes Blendungsgefühl, sie kann auf Dauer auch die Augen schädigen. In Australien und Neuseeland, wo der UV-Anteil im Licht durch das Ozonloch im Sommer außergewöhnlich hoch ist, führte dies bei Tieren, die dem Licht permanent ausgesetzt sind (u.a. bei Schafen), zu relativ häufigem Auftreten von Erblindung. Ähnlich schlimme Folgen sind beim Menschen nicht zu erwarten, da er sich der aggressiven Wirkung der UV-Strahlung wenigstens zeitweise entziehen kann.

Sonnenbrille und Hut helfen Sonnenlichteinstrahlung dosieren!

In den Mittagsstunden kann es auch in unseren Regionen recht angenehm und schützend sein, eine Sonnenbrille zu tragen. In sehr sonnenreichen Gebieten, vor allem aber im Hochgebirge ist

Sonnenbrille nur mit UV-Schutzgläsern!

Den wirkungsvoll-sten Schutz der empfindlichsten Hautpartien bietet noch immer der traditionelle Son-nenhut.

ein solcher Schutz für die Augen unerlässlich. Wichtig ist es, darauf zu achten, dass die Brille wirklich das UV-Licht abhält (in der Regel auf der Brille oder deren Packung vermerkt). Billige Kunststoffbrillen lassen UV-Licht passieren, täuschen dem Auge aber durch die Tönung eine verminderte Lichteinwirkung vor, sodass die Pupille sich weitet. So kann unter Umständen noch mehr UV-Licht das Auge erreichen als ohne Sonnenbrille und auf Dauer sogar Hornhaut oder Linse schädigen. Bei der Tönung sollte man farbige (rote, grüne, blaue etc.) Gläser meiden und braune oder graue Schattierungen bevorzugen. Es wurde nämlich nachgewiesen, dass andauernde Einwirkung farbigen Lichts auf das Auge den Hormonhaushalt des Körpers erheblich stören kann.

Neben der Sonnenbrille stellt der bereits Sonnenhut einen wesentlichen Schutz für die Augen dar. Er sollte eine breite Krempe besitzen, die die Augen gut beschattet.

Ist durch starke Lichteinwirkung, beispielsweise auf dem Wasser oder auch im Schnee, durch höheren Ozongehalt, durch allergische

Pollenempfindlichkeit u.Ä., doch einmal eine schmerzhafte Rötung und Reizung der Bindehaut eingetreten, so helfen im Normalfall *Euphrasia®-Augentropfen*. Einzelheiten dazu siehe auch S. 23.

Wind, der ins Gesicht schlägt, Rausch der Schnelligkeit,
die Hupe, die die Straße zerteilt, durch einen Wagenpark
durchschießen – auch dies ist Reisen.
Auf einem Esel sitzen, Stufe vor Stufe einen Berg hinaufwackeln ...
langsam die Gegend passieren, ohne sich anzustrengen – auch dies ist Reis
Wandern, sich abmühen, klettern, rutschen, klimmen, herausholen,
was in einem Körper drin steckt – auch dies ist Reisen.
‹Jeder versteht nur seine eigene Poesie.› Jede Zeit versteht nur ihre eigene
Naturauffassung. Der ist reich, der viele hat.

Kurt Tucholsky

Sonnenstich und Hitzschlag

Starke Sonnenbestrahlung von Kopf und Nacken, z.B. durch ein offenes Autoschiebedach, kann zu einer Reizung der Hirnhaut führen, die sich in Benommenheit, Schwindel und Kopfschmerzen äußert. Auch hier beugt eine breitkrempige Kopfbedeckung vor, die den Nacken ausreichend schützt.

Sonnenstich ist eine leichte Hirnhautreizung

Sollte es zu einem ‹Sonnenstich› gekommen sein, muss der Betroffene Bettruhe einhalten. Sicherheitshalber sollte ein Arzt hinzugezogen werden. Bis dahin kann zur Dämpfung der lokalisierten leichten Entzündung *Apis D30* und *Hypericum ex herba D30* im Wechsel gegeben werden. Es sollten 10 Globuli oder Tropfen in einem kleinen Glas Wasser gelöst und davon anfangs halbstündlich, dann alle 1–2 Stunden ein Teelöffel eingenommen werden.

Bei sportlicher Betätigung, z.B. beim Bergsteigen, gibt der Körper überschüssige Wärme durch Schwitzen ab. Daher muss man ausreichend trinken, bei starker Anstrengung bis zu 4 Liter täglich. Recht geeignet ist hierfür z.B. Malventee, der angenehm schmeckt

Hitzschlag ist ein Wärmestau im ganzen Körper

*In den Mittags-
stunden, in denen
die Lichtintensität
am stärksten ist,
sollte man besser
auf ein ‹Sonnen-
bad› verzichten.*

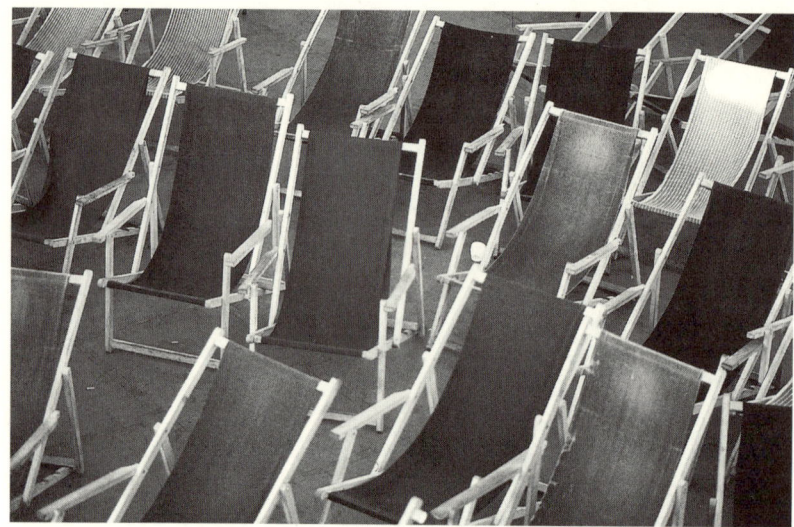

und verlorene Salze zuführt. Ihn trinken übrigens auch die Hochofenarbeiter, die in besonderem Maß Flüssigkeits- und Salzverlusten ausgesetzt sind. Wichtig ist auch eine lockere, saugfähige Kleidung, durch welche eine Verdunstung möglich ist. Kommt es an heißen Tagen zu einem Wärmestau im Körperinnern, treten Übelkeit, Kopfschmerzen und Kreislaufstörungen auf. Schlimmstenfalls kann bei Hitzschlag Bewusstlosigkeit eintreten, was als dringender Notfall sofortige ärztliche Hilfe erfordert.

Entscheidend ist es, durch luftdurchlässige Kleidung aus Naturfasern und ausreichende Flüssigkeitszufuhr sowie durch Pausen bei der körperlichen Aktivität einen Wärmestau zu vermeiden. Treten leichte Symptome auf, so ist die Aktivität einzustellen und durch Ruhen im Schatten, Trinken nicht zu kalter Flüssigkeit sowie gegebenenfalls durch Besprengen mit Wasser für Abkühlung zu sorgen. Das Lutschen von etwas Eis führt zu einer relativ raschen Kühlung der dem Gehirn unterlagerten Venenräume und wird insofern empfohlen. Medikamentös kann *Atropa belladonna ex herba D6*, bei Kreislaufschwäche zusätzlich *Veratrum e radice D6 Glob.* bis zu 6 x 5 Glob. genommen werden.

Bei brütender Hitze kann ein Bad im Meer für Abkühlung sorgen.

Auf Reisen nimmt man alles hin,

die Empörung bleibt zu Haus.

Man schaut, man hört, man ist

über das Furchtbarste begeistert,

weil es neu ist.

Elias Canetti

Insektenstiche und Zeckenbisse

Insektenstiche sind nicht nur unangenehm, sie können in vielen
Ländern auch gefährliche Krankheiten übertragen.

Viele Insekten (u.a. Moskitos) stechen hauptsächlich in der *Fernhalten von*
Abenddämmerung. In dieser Zeit sollte daher langärmlige Klei- *Insekten*
dung bevorzugt werden. Schutz vor Insekten ist besonders in
Ländern mit Übertragungsrisiko für Malaria, Schlafkrankheit
u.Ä. und im Bereich von (stehenden) Gewässern notwendig.
Zahlreiche ätherische Öle wie z.B. Nelken-, Zypressen- oder
Citronellaöl halten stechende Insekten weitgehend ab. Im Handel
sind Fertigpräparate erhältlich, die je nach Insektenhäufigkeit
mehrfach aufgetragen werden müssen. Vollständigen Schutz für
die Nacht gewährt ein über das Bett gespanntes Moskito-Netz mit
ausreichend geringer Maschenweite, wenn man darauf achtet,
dass man im Schlaf nicht mit dem Netz in Berührung kommt.
Auch wenn die Mücke nicht durch das Netz passt – der Stachel
tut es.

Besonders feine Netze sind erforderlich, wenn auch Sandfliegen abgehalten werden müssen. Andererseits kann ein zu eng gewebtes Netz die Luftzirkulation beeinträchtigen, was in den Tropen recht unangenehm sein kann. Am besten lässt man sich in einem Fachgeschäft beraten, welches Netz für das ausgewählte Reiseziel am angemessensten ist.

Starke Schwellungen nach Bienen- oder Wespenstich

Nach Insektenstichen trägt man äußerlich *Wund- und Brandgel*[1] oder *Combudoron*®[2] auf. Bei stärkerer Schwellung (z.B. Bienen- oder Wespenstich) zur Dämpfung der lokalen Entzündung sofort *Apis D30 Glob.* einnehmen, gegebenenfalls kann bei anhaltender Schwellung und bei Juckreiz mit *Urtica comp. Glob.*[1] (3 x tgl. 10 Glob.) nachbehandelt werden.

Entzündete Stiche

Hat man nichts anderes zur Hand, so wirkt es als Hausmittel zur Vorbeugung und Behandlung einer stärkeren entzündlichen Schwellung sehr gut, wenn man eine aufgeschnittene Zwiebel auf die Einstichstelle legt und locker befestigt. Etwas umständlich, wenn auch angenehm, sind Heilerdeumschläge, wobei die Erde sterilisiert sein sollte, um Infektionen zu vermeiden (z.B. *Luvos-Heilerde)*. Man vermengt die Erde mit etwas Wasser, fügt dem Brei etwas Essig zu und streicht ihn dann auf die Haut. Bevor die Masse ganz ausgetrocknet ist, sollte sie gewechselt werden.

Insektenstiche können sich entzünden und zu eitern beginnen. Hier hilft *Ledum D3*. Unter Umständen muss ein Arzt aufgesucht werden. Auch Insektenstiche können zu einer Tetanus-Infektion führen, weshalb auf ausreichenden Impfschutz zu achten ist. Selbstverständlich müssen Insektengiftallergiker ihre Notfallapotheke auf Reisen mit sich führen.

Zeckenbisse

Eine Besonderheit stellen noch die Zeckenbisse dar, die zwei verschiedene Folgeerkrankungen nach sich ziehen können. Die Frühsommer-Meningoencephalitis (FSME), die vor allem im Tal der Donau und ihren Seitentälern durch Zecken übertragen werden kann, ist relativ selten. Untersuchungen zufolge ist in FSME-Gebieten jede zweihundertste bis tausendste Zecke infektiös. An einigen Stellen soll allerdings bei jeder zehnten Zecke das FSME-

Virus nachgewiesen worden sein. Offenbar führt aber nur ein Teil der Bisse infizierter Zecken zur Infektion des Gebissenen.

Bei mehr als der Hälfte der tatsächlich infizierten Patienten verläuft die Erkrankung unbemerkt oder allenfalls mit milden grippalen Symptomen. Immerhin ein Prozent der Erkrankungen endet jedoch tödlich und in 10 Prozent der Fälle ist mit Lähmungen zu rechnen. Häufiger noch treten Formen von Hirnhaut- oder gar Gehirnentzündungen auf, die glücklicherweise größtenteils folgenlos ausheilen.

Wegen der Möglichkeit bleibender Schäden muss bei erhöhter Gefährdung (z.B. längerer Radtour oder Camping in diesen Flusstälern, Wanderungen in baum- und strauchreichen Regionen, längerer Aufenthalt in gefährdeten Gebieten) eine Impfung empfohlen werden. Leider ist auch diese nicht in jedem Fall harmlos; sie kann Auto-Immunphänomene (Guillain-Barré-Syndrom) mit Lähmungen nach sich ziehen, die glücklicherweise aber selten sind und nach längerem Bestehen meist wieder zurückgehen. Bei Patienten

mit Multipler Sklerose kann durch die Impfung ein Schub ausgelöst werden. In jedem Fall sollte die Frage der Impfnotwendigkeit mit dem Hausarzt besprochen werden, der in der Regel auch über Karten verfügt, aus denen zu entnehmen ist, ob das Reiseziel in einem gefährdeten Gebiet liegt. Wie bei jeder ärztlichen Maßnahme, vor allem wenn sie vorbeugender Natur ist, muss eine individuelle Entscheidung getroffen werden, wie Nutzen und Risiken der beabsichtigten Maßnahme sich zueinander verhalten. Das kann nur in einem eingehenden persönlichen Gespräch geschehen.

In den Uferzonen ist das Risiko einer Infektion durch Insektenstiche oder Zeckenbisse am größten.

Häufiger ist jedoch die Übertragung einer Borreliose durch einen Zeckenbiss. Dies ist eine bakterielle Erkrankung, die oft zunächst eine Rötung im Bereich des Zeckenbisses bewirkt und sich dann ausbreitet, während sie im Inneren abblasst. Im klassischen Fall entsteht so ein sich langsam vergrößernder roter Ring.

Borreliose

Lymphknotenschwellungen können hinzutreten. Wochen bis Monate später kann der Erreger, der mit dem der Syphilis verwandt ist, z.B. Gelenk- und Herzentzündungen auslösen, aber auch eine neurologische Erkrankung (Bannwarth-Syndrom), die zu Schmerzen und/oder Lähmungserscheinungen (relativ häufig der Gesichtsmuskulatur) führt. Weitere uncharakteristische neurologische Störungen treten noch nach Jahren auf. Gegen diese gar nicht so seltene Erkrankung hilft die ‹Zecken-Impfung› nicht! Diese Erkrankung ist auch nicht an besondere Gegenden gebunden.

Vorbeugend wirken insektenabwehrende ätherische Öle oder Neem-Präparate. Das Durchstreifen von Unterholz ist zu vermeiden oder zumindest ist dabei lange Kleidung zu tragen. Nach einem Zeckenbiss – die Larven können sehr klein sein – sind die Tiere möglichst schnell zu entfernen. Eine Übertragung der Borreliose wurde bisher nie beobachtet, wenn die Zecken nicht länger als 10 Stunden festgebissen waren.

Im Gegensatz zu früher üblichen Empfehlungen sollen die Tiere *nicht* mit Öl, Klebstoff u.Ä. bestrichen werden. Dies veranlasst die ersticken Insekten zum ‹Erbrechen›, was die Gefahr einer Borrelien-Übertragung nur vergrößert. In der Apotheke gibt es Spezialpinzetten, mit denen die Tiere so gefasst werden können, dass man nicht auf deren Leib drückt, was denselben unerwünschten Effekt hätte. Mit einer kleinen Drehbewegung und Zug nach oben können die Zecken leicht entfernt werden. Die Drehrichtung ist unerheblich, da die Tiere kein ‹Gewinde› haben. Eine Desinfektion der Bissstelle ist empfehlenswert. Andere geeignete Medikamente wie *Echinacea/Quarz Glob.*[1] oder die sogenannte *Borrelien-Nosode* sollten nur durch einen Arzt verabreicht werden.

Sachgemäße Zeckenentfernung

Nach einem Zeckenbiss kann zur Vorbeugung einer Erkrankung *Apis/Belladonna cum Mercurio Glob.*[1] (3 x 5 Glob. eine Woche lang) genommen werden. Sollte es zum Auftreten des beschriebenen wandernden roten Ringes (Erythema chronicum migrans) kommen oder sollte längere Zeit eine Hautrötung bestehen bleiben, die sich eventuell vergrößert, so muss *unbedingt* ein Arzt aufgesucht werden, da im Allgemeinen eine antibiotische Behandlung erforderlich ist. Da den späteren Borreliose-Stadien an Herz, Gelenken und Nervensystem nicht unbedingt ein Erythema chronicum migrans vorausgehen muss, sollte auch beim Auftreten der anderen genannten Symptome dem Arzt der vorausgegangene Zeckenbiss als Hinweis für die Diagnose genannt werden.

Gut ist es, auf die Reise außer dem Rucksack

noch ein gut Teil Mut, Entschlossenheit,

Heiterkeit und gute Laune mitzunehmen …

Man genießt, was man hat und vermisst nicht,

was man entbehrt.

Rodolphe Toepffer

Gefahren durch Tiere

Auf Gefahren einer möglichen Tollwutübertragung durch Hunde wurde schon hingewiesen. Ebenso vorsichtig wie bei Hunden muss man bei Katzen und wilden Tieren sein. Fremde Tiere sollte man generell besser ihrer Wege ziehen lassen und vor allem auch die Kinder dazu anhalten, ihnen unbekannte Tiere nicht zu streicheln.

Relativ häufig kommen Badende mit giftigen Tieren in Berührung. Nesselquallen können zu sehr unangenehmen Hautverbrennungen führen. Glücklicherweise sind diese meist nicht gefährlich (in australischen Gewässern und in der Karibik gibt es allerdings auch Arten, die schwere Allgemeinvergiftungen hervorrufen können), schmerzhaft sind sie aber allemal. *Quallen*

Ist es zu einem brennenden Schmerz durch Quallenberührung gekommen (viele der hübschen Tiere sind glücklicherweise ganz harmlos), müssen die der Haut anhaftenden Nesselzellen entfernt werden. Am besten geschieht dies mit heißem Wasser, da durch die Hitze die Giftwirkung teilweise neutralisiert wird. Auch Alkohol, verdünnter Salmiakgeist, Essig und Natriumbicarbonat werden empfohlen. Da man solche Mittel am Strand gewöhnlich nicht zur Hand hat, wird meist das Seewasser diesen Dienst erfüllen müssen. Süßwasser sollte dagegen gemieden werden.

Lösen sich die anhaftenden Schleim- und Tentakelanteile nicht sofort, sollten weitere Manipulationen vermieden werden, um nicht das Aktivwerden weiterer Nesselzellen auszulösen. Fachleute empfehlen das Bestreuen mit Zucker, Salz oder trockenem(!) Sand. Trockenreiben der Haut vor der Entfernung des Giftes ist unbedingt zu vermeiden, da es sonst nur zusätzlich in die Haut einmassiert wird. Nach dem Antrocknen sollten die anhaftenden Quallenreste mit einem Holz oder etwas Ähnlichem abgeschabt werden. Anschließend sollte *Wund- und Brandgel*[1] oder *Combudoron*®[2] dick aufgetragen werden. Die Einnahme von *Apis D12 oder D30* (10 Glob. oder Tropfen in einem halben Glas Wasser, alle halbe Stunde ein Schluck, später seltener) kann zusätzlich helfen. Sehr großflächige Verbrennungen erfordern ärztlichen Rat.

Giftfische Gelegentlich tritt man beim Strandspaziergang auf den Giftstachel eines im Sand vergrabenen Fisches, des am Mittelmeer und an der Südküste Englands nicht seltenen Petermännchens. Sein Stich ist außerordentlich schmerzhaft. Am besten hilft auch hier, wenn man den Fuß mit heißem Wasser behandelt. Es sollte so heiß sein, dass man es gerade noch aushält. Dies erinnert zwar an eine Rosskur, erspart einem aber unter Umständen sehr viel schlimmere, länger anhaltende Beschwerden. Natürlich darf es durch die Hitze nicht zur Hautschädigung kommen.

Seeigel Am besten beugt man einer unliebsamen Begegnung mit dem Giftstachel durch Tragen von Badeschuhen oder Schwimmflossen vor. Gleichzeitig vermeidet man dadurch auch die Gefahr, sich Seeigelstacheln in den Fuß zu treten. Da diese sofort abbrechen, sind sie nur schwer zu entfernen (Pinzette, gegebenenfalls Arztbesuch), und sie verursachen zumeist unangenehme Eiterungen. *Hepar sulfuris D12*, 2–3 x tgl. 5 Glob., mindert diese Gefahr, macht eine sachgerechte Wundversorgung aber nicht überflüssig.

Auch an einheimischen Stränden sollte die Gefahr durch Tiere nicht unterschätzt werden.

Ab und an treten Badende auf einen im Sand liegenden Stachelrochen (Ernst Jünger beschreibt eine solche unangenehme Begegnung in seinem Insektenbuch ‹Subtile Jagden›). Verletzungen durch den Giftstachel müssen ebenso mit heißem Wasser behandelt werden, wie dies oben angegeben wurde. Anschließend ist das verletzte Glied ruhig und hoch zu lagern. Ärztliche Hilfe sollte hinzugezogen werden, auch um eine fachgerechte Wundversorgung durchzuführen. Wie bei allen Verletzungen ist auf Tetanusschutz zu achten.

Badeschuhe schützen vor schmerzhaften Erfahrungen

Um solche schmerzhaften Erfahrungen zu vermeiden, sollte man im Wasser möglichst nur dort barfuß gehen, wo man bis auf den Grund sieht. Insgesamt ist die Gefahr aber gering, da die Tiere meist durch Geräusche rechtzeitig verjagt werden.

Vor allem in südlichen Ländern sind Giftschlangen nicht selten, nur die Mittelmeerinseln gelten als frei davon. Glücklicherweise ist die Mehrzahl der Schlangen ungiftig, darüber hinaus sind sie in der Regel scheu und beißen nur, wenn sie sich bedroht fühlen. Wichtig ist es, ihnen rechtzeitig die Flucht zu ermöglichen. Des-

Giftschlangen

halb sollte man in Schlangengebieten (kritisch sind vor allem gut besonnte, stein- und kleinstrauchreiche Areale) kräftig auftreten, denn die Schlangen nehmen schon leichte Bodenerschütterungen wahr. Unter Umständen sollte man einen Stock bei sich führen und damit auf das Buschwerk schlagen, das man durchdringen möchte. Generell sind in solchen Gebieten feste Schuhe und lange Hosen nötig. Falls Sie wirklich einer Schlange begegnen, sollten Sie Ruhe bewahren. Schnelle Bewegungen können einen Angriff auslösen. Gehen Sie nicht näher an die Schlange heran und schlagen Sie nicht auf sie ein. Fast immer wird sie sich von alleine zurückziehen.

Weitere Gefahren können in der Nacht entstehen, wenn man die Reptilien unbedacht, z.B. durch Umdrehen eines Steines, in ihren Verstecken stört. Die abgekühlten Schlangen sind hier oft nicht mehr in der Lage zu fliehen, sie können aber noch zubeißen. Vorsicht auch beim Berühren scheinbar toter Schlangen!

Das wirksamste Mittel gegen Schlangenbisse ist natürlich – wie auch bei allen anderen Gefahren – die Vorbeugung. Sollte man wirklich gebissen werden, so ist auf jeden Fall Ruhe zu bewahren. Die meisten Schlangenbisse verlaufen glücklicherweise relativ harmlos. Man sollte sich vergewissern, dass es sich auch tatsächlich um einen Giftschlangenbiss handelt, was man an zwei nebeneinander liegenden punktförmigen Einstichen erkennt. Sieht man dagegen eine ganze Reihe kleiner Zahneindrücke, so stammen sie von einer ungiftigen Schlange.

Erste Hilfe bei Schlangenbiss Von den früher empfohlenen lokalen Manipulationen wie Ausdrücken, Aussaugen oder gar Einschneiden der Bissstelle ist man inzwischen abgekommen. Sie wirken eher verschlimmernd. Ob ein Stauen oder gar Abbinden der betroffenen Extremität sinnvoll ist, ist zweifelhaft. Eine mäßige Stauung (z.B. mit einem Gürtel oder Stoffstreifen), die den Blutfluss in den Körper eindämmt, den Puls in der Extremität aber noch tasten lässt, kann ein Verbreiten des Giftes im Körper verzögern und daher sinnvoll sein.

Eine solche Stauung ist wirksam, wenn die Venen anschwellen. Es kann auch eine leichte Blauverfärbung der Extremität auftreten.

Keinesfalls darf sie aber weiß werden, denn dann wurde zu kräftig gestaut und die Binde muss unbedingt gelockert werden. In neueren Fachpublikationen wird gelegentlich aber auch von der Stauung abgeraten. Die Notwendigkeit einer Ruhigstellung der gebissenen Extremität und rasche ärztliche Hilfe nach Möglichkeit in der nächstgelegenen Klinik ist aber unumstritten. Entscheidend ist gegebenenfalls die Verabreichung eines Gegengiftes.

Wurde – was meist der Fall sein dürfte – ins Bein gebissen, so darf der Verletzte nicht mehr selbst gehen. Kann keine Hilfe geholt oder ein professioneller Transport organisiert werden, so muss notfalls mit einem Stock eine Schiene für das betroffene Bein konstruiert und der Verletzte getragen werden. Hilfreich ist es, sich das Aussehen des Tieres zu merken, um eine Bestimmung der Artzugehörigkeit zu ermöglichen. Vom früher oft empfohlenen Fangen oder Töten der Schlange zu diesem Zweck kann nur abgeraten werden. Es wird dies ohnehin fast nie gelingen und bedeutet nur einen unnötigen und gefährlichen Zeitverlust, abgesehen davon, dass diese Maßnahmen wohl auch vielen

*Mit seinem Gift-
stachel kann der
Skorpion schmerz-
hafte, nicht selten
auch gefährliche
Verletzungen ver-
ursachen.*

ungefährlichen und oft auch gesetzlich geschützten Schlangen das Leben kosten.

Zur Stabilisierung des Kreislaufs ist die Verabreichung größerer Flüssigkeitsmengen sinnvoll, evtl. auch die Gabe von Kaffee, keinesfalls dagegen von Alkohol. Treten Schwächezustände auf, so kann die Gabe von *Veratrum D6* (mehrfach 5 Glob.) hilfreich sein. Generell kann auch ein Versuch mit *Lachesis D12* (3 x im Abstand von einer halben Stunde 5 Tropfen) erfolgen.

Skorpione   Die Gefahren durch Skorpione sind nicht zu unterschätzen. Früher sollen tödliche Unfälle fast doppelt so häufig aufgetreten sein wie mit Giftschlangen. Besonders gefährlich sind einige südamerikanische Arten, aber auch in Nordafrika gibt es gefährliche Skorpione. Am häufigsten kommt es in Mexiko zu gefährlichen Skorpionstichen. Glücklicherweise ist ein Großteil der Skorpionverletzungen zwar sehr schmerzhaft, aber insgesamt harmlos.

Die Tiere sind nachtaktiv und können in die Kleider und Schuhe kriechen. Diese sollten daher am Morgen in Gebieten, in denen

Skorpione vorkommen, immer sorgfältig ausgeschüttelt werden. Tagsüber verstecken sie sich oft im Sand und können somit beim Barfußlaufen gefährlich werden. Gerhard Habermehl, ein ausgewiesener Gifttierexperte, schreibt: ‹Barfußlaufen ist der sicherste Weg, um zu einem Skorpion-Stich zu kommen.› Der Stich ist schmerzhaft, bei einigen Arten kann es auch zu gefährlichen Kreislaufreaktionen kommen. Wie bei den Schlangen gibt es spezielle Gegengifte, die vom Arzt angewendet werden sollten. Bis zu ihrem Eintreffen kann möglicherweise durch Eiskühlung (Stofflage zwischen Eis und Haut!) und evtl. Stauen (nicht abbinden) eine Giftaufnahme in andere Körperregionen hinausgezögert werden. Bei weniger giftigen Arten reicht es zur Schmerzlinderung wiederum aus, *Wund- und Brandgel*[1] bzw. *Combudoron*®[2] aufzutragen und gegebenenfalls *Apis D30* einzunehmen (5 Globuli alle viertel Stunde oder 10 Glob. in einem halben Glas Wasser lösen, halbstündlich einen Schluck).

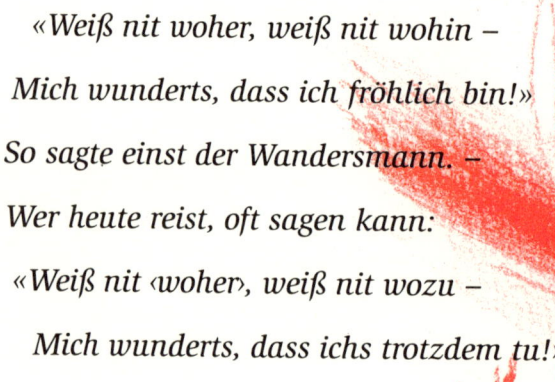

«Weiß nit woher, weiß nit wohin –
Mich wunderts, dass ich fröhlich bin!»
So sagte einst der Wandersmann. –
Wer heute reist, oft sagen kann:
«Weiß nit ‹woher›, weiß nit wozu –
Mich wunderts, dass ichs trotzdem tu!»

Eugen Roth

Tropenreisen

Die Tropenmedizin stellt ein eigenes, umfassendes medizinisches Fachgebiet dar, aus dem hier im Rahmen der Reiseapotheke nur einige Hinweise herausgegriffen sind. Als ausführlichere Vorbereitungsliteratur sei genannt: Thomas Junghanss, Brigitte Braendli (Hrsg.): ‹Gesund in den Tropen›, oder Roland Hanewald: ‹Das Tropenbuch›.

Auskunft, Adressen, Literatur

    Generell sollte man sich vor einer Tropenreise vom Arzt individuell beraten lassen. AOK und ADAC haben für ihre Mitglieder ein Service-Telefon unter der Nr. (089) 76764200 eingerichtet. Dort kann man für das Reiseland Impfempfehlungen, Gesundheitsrisiken und Schutzmöglichkeiten sowie die Adressen von deutschsprachigen Ärzten am Urlaubsort erfragen. Auch die Tropeninstitute größerer Städte bieten Beratungsmöglichkeiten.

    Je nach Reiseziel sind Impfungen und andere Vorbeugungsmaßnahmen anzuraten, die aber ihrerseits wiederum Nebenwirkungen mit sich bringen können. Es sollte auch erwogen werden, ob aufgrund eigener Vorerkrankungen oder mit kleineren Kindern nicht ein näher liegendes Reiseziel erholsamer wäre. Bei Kindern ist es angemessen, wenn sie erst nach und nach ihren Gesichtskreis erweitern. Sie fühlen sich am wohlsten, wenn ein schon vertrauter Urlaubsort in der gemäßigten Zone ohne große Zeitverschiebung besucht wird. Allerdings kann auch die Begegnung mit ganz anderen Kulturen und ungewohnten Lebensumständen zum Erlebnis werden und den Gesichtskreis erweitern. Man sollte aber auch in seine Überlegungen einbeziehen, dass Langstreckenflüge eine der intensivsten Umweltbelastungen darstellen, die man als Privatperson mitverursachen kann.

Malaria Malaria ist auch heute noch eine schwere und gefährliche Erkrankung. Das Erkrankungsrisiko ist jedoch sehr von der geographischen Lage, der Höhenlage des Reiseziels und dem Reisezeitpunkt (Trocken- oder Regenzeit) abhängig. So kann beispielsweise auch in einem ‹Malarialand› die Gefahr gering sein, wenn der Aufenthaltsort frei von infektiösen Moskitos ist, z.B. weil er hoch genug in den Bergen liegt. Es ist dabei aber auch zu berücksichtigen, ob der Reiseweg bis zum Erreichen dieses Zieles möglicherweise durch malariaverseuchtes Gebiet führt.

Vorbeugemaß- Zu bedenken ist, dass die zur Prophylaxe eingesetzten Medika-
nahmen mente keineswegs harmlos sind und daher immer eine individuelle Risikoabwägung und Beratung durch den Arzt erfolgen muss. In jedem Fall ist der Insektenschutz wesentlich, er bewahrt nicht nur vor einer Malariaerkrankung, sondern auch vor anderen durch Insekten übertragenen Krankheiten wie der Schlafkrankheit, dem Denguefieber usw. Entscheidend ist hier vor allem in den Abendstunden das Tragen von Kleidung, welche Arme und Beine bedeckt. Helle Kleidung soll die Mücken zusätzlich abhalten. In manchen Gegenden kann die Nachtruhe nur durch ein über das Bett gespanntes Moskitonetz gesichert und so auch die Infektionsgefahr minimiert werden.

Zusätzlich kann man insektenabwehrende Präparate (Repellents) auf die Haut auftragen. Empfehlenswert sind vor allem Präparate, die auf der Basis ätherischer Öle wirken. Abraten sollte

Bereits die Anreise durch malariaverseuchte Gebiete kann eine Infektion verursachen.

man dagegen von Präparaten, die Insektizide enthalten, was auch für das Verdampfen (z.B. durch in die Steckdose zu steckende Geräte) oder Räuchern mit solchen Mitteln gilt. Diese Mittel können – zumindest bei falscher Anwendung – auch den Menschen schädigen, zudem treffen sie auch nützliche Insekten. Insbesondere bei Allergikern und Kindern sind Gefahren durch Insektizide nicht auszuschließen. *Vorsicht beim Einsatz von Insektiziden*

Fieber, Kopfschmerzen, Benommenheit, Gliederschmerzen können Malaria-Symptome sein. Eine Malaria kann auch trotz Prophylaxe ausbrechen. Solange sie nicht ausgeschlossen werden kann, müssen solche Symptome (auch in den Wochen nach der Heimkehr) als Malariaverdacht gelten. Ein Arztbesuch ist erforderlich!

Inzwischen gibt es einfach zu handhabende Testsysteme, mit deren Hilfe man selbst feststellen kann, ob eine Erkrankung auf Malaria zurückzuführen ist, falls man keinen Arzt erreichen kann. Ein

Frisch geschälte Bananen können auch in tropischen Ländern ohne gesundheitliche Bedenken verzehrt werden.

Wurmerkrankungen

solcher Test ist unter dem Namen ‹Malariaquick› in Deutschland für knapp DM 50.–/25 € im Handel und soll nahezu dieselbe Sicherheit wie die mikroskopische Untersuchung des Bluts durch einen erfahrenen Arzt bieten.

Hat man sich für eine medikamentöse Chemoprophylaxe der Malaria entschieden, können zusätzlich Medikamente genommen werden, welche die Organbelastungen teilweise mildern. Ich rate meinen Patienten zur Einnahme von *Anagallis comp. Glob.*[1] (7 Glob. abends) oder *Hepatodoron*[2] (vor dem Schlafengehen 2 Tabletten zerkauen). Beide Mittel regen vor allem die Leberfunktion an. Denkbar ist auch die Einnahme von *Okoubaka D6 Glob.* (3 x 5), dem eine entgiftende Wirkung zugeschrieben wird. Auch *Carduus marianus Kapseln*[2] können bei großer Empfindlichkeit empfohlen werden.

In einigen Reiseländern (z.B. Ägypten) kommt die Bilharziose, eine Wurmerkrankung, häufig vor; weltweit gibt es 300 Millionen davon Betroffene. Bilharziose kann man durch Baden in Gewässern bekommen, in denen bestimmte Wasserschnecken leben. Die Wurmlarven bohren sich in die Haut und es entsteht ein unangenehmes Hautjucken. Nach Monaten können dann vielfältige weitere Symptome wie Blutungen aus Blase oder Darm, Leberstörungen, aber auch Lähmungen auftreten. Die Erkrankung ist im Frühstadium gut zu behandeln. Zur Vorbeugung meidet man das Baden in Flüssen oder Süßwasserseen der betroffenen Gebiete.

Noch viel häufiger, aber auch harmloser sind Madenwurmerkrankungen, wie sie auch in unseren Breiten wieder zunehmend vorkommen. Manchmal kann man im Stuhl feine, weißliche Würmer erkennen. Wesentlich häufiger aber spürt man nur morgens ein unangenehmes Jucken am After, da die Würmer nachts aus dem After herauskriechen, um ihre Eier abzulegen. Entscheidend ist eine strikte Nagelreinigung am Morgen, da unbewusstes Kratzen während der Nacht zur Verschleppung der Eier auf die Nahrung und in den Mund führt. Dies hat eine permanente Reinfektion zur Folge. Wenn der Wurmbefall noch nicht zu stark ist (in diesem Stadium kann er zu nächtlichen Schlafstörungen oder Bauchschmerzen führen), kann Karottenrohkost mit reichlich Knoblauch, von der häufig gegessen werden sollte, helfen. Oft werden aber spezifische Behandlungen durch den Arzt nötig sein.

Verzicht auf Salate und rohes Gemüse, die mit Fäkalien gedüngt sein können, sowie hygienischer Umgang (Hände waschen!) bei Tier- (vor allem Hunde-)kontakten stellt eine wirksame Vorbeugung dar.

Auch Bandwurmerkrankungen sind auf der Reise möglich. Verzicht auf rohes oder unzureichend erhitztes Fleisch (u.a. vom Schwein) oder Fisch schützt zuverlässig.

Die häufigsten Krankheiten, mit denen man in den Tropen zu kämpfen hat, betreffen den Darmtrakt. Meist sind es harmlose Durchfallerkrankungen, aber auch das Risiko von Amöben- und Lamblieninfektionen oder gar von Typhus, Ruhr oder Cholera besteht in den Tropen. Vor all diesen Krankheiten kann man sich aber relativ gut schützen (siehe folgendes Kapitel). *Magen-Darm-Erkrankungen*

Grundsätzlich sollte man in den Tropen nicht barfuß gehen. Sandflöhe könnten unangenehme Infektionen der Füße hervorrufen, aber auch z.B. Skorpione können schmerzhafte Verletzungen verursachen. Vor dem Anziehen der Schuhe sollte man nachsehen, ob sich nicht unliebsame ‹Bewohner› darin aufhalten. *Nicht barfuß gehen!*

Mir war zumute, als wäre ich nun wirklich woanders,

am Ziel meiner Reise angelangt. Ich mochte nicht mehr weg

von hier, vor Hunderten vor Jahren war ich hier gewesen,

aber ich hatte es vergessen und nun kam mir alles wieder.

Ich fand jene Dichte und Wärme des Lebens ausgestellt,

die ich in mir selber fühle.

Elias Canetti

Durchfall und Erbrechen

Beim Urlaub in südlichen Ländern sind Entzündungen der Darm-
und auch der Magenschleimhaut keine Seltenheit. Ursache ist neben der oft ungewohnten, häufig recht ölhaltigen Kost der Kontakt
mit Lebensmittelkeimen, gegen die noch keine Immunität besteht.

Oft wird geraten, jede Berührung mit einheimischen, möglicherweise problematischen Keimen zu meiden, indem nur frisch
gekochte Speisen europäischer Herkunft genossen werden. Meine
persönliche Erfahrung spricht eher dafür, sich den lokalen Ernäh-
rungsgewohnheiten anzupassen, soweit es die eigene Verdauung
erlaubt. Zum Trinken, Obstwaschen, Zähneputzen sollte man nur
abgekochtes oder in Flaschen abgefülltes Mineralwasser verwenden (auf Unversehrtheit des Originalverschlusses achten!). Meiden Sie (Eis-)Creme und Salat, der nicht sicher mit unbedenkli-
chem Wasser gründlich gereinigt wurde, sowie Speisen, die nach
dem Kochen länger gestanden haben. Alle Speisen, die kurz vor
dem Verzehr gekocht, gegart oder gebraten werden, sind mikro-

biologisch unbedenklich, ebenso frisch geschältes Obst und Gemüse.

Für keimfreies Trinkwasser sorgen

Wer keine schweren Wasserflaschen mitschleppen möchte, dem seien handliche Keramik-Bakterienfilter (z.B. von Relag® oder Katadyn®) empfohlen. Diese Filter schützen auch vor Amöben und anderen Parasiten, die durch Entkeimung mit kolloidalem Silber (z.B. Micropur®) nicht abgetötet werden. Wird das mit dem Filter entkeimte Wasser länger aufbewahrt, sollte es aber mit solchen Mitteln gegen ‹Nachverkeimung› geschützt werden. Alternativ kommen Präparate in Frage, die neben kolloidalem Silber eine Chlorierung des Wassers bewirken (z.B. Certisil®, Kombina®). Wenn man nichts gegen ‹gechlortes› Trinkwasser einzuwenden hat, kann auch so ‹sicheres› Wasser zubereitet werden, wenn man die notwendige Einwirkungsdauer beachtet (siehe Herstellerempfehlung!).

Vorbeugung von Nahrungsmittelunverträglichkeiten

Vorbeugend gegen Nahrungsmittelunverträglichkeiten und Lebensmittelinfektionen wirkt am Abend eine Messerspitze *Bolus alba comp. N* Pulver[1]. Zusätzlich stärkt es die eigene Verdauungskraft, vor den Hauptmahlzeiten *Bitter-Elixier*[1] bzw. das zuckerfreie *Enzian-Magentonikum*[1] (1 Esslöffel in etwas Wasser) als ‹alkoholfreien Aperitif› einzunehmen. Auch *Amara-Tropfen*[2] (20 Tropfen auf ein viertel Glas Wasser) können empfohlen werden. Bei ‹verdorbenem Magen› mit Völlegefühl und krampfartigen Schmerzen können 10 Tropfen *Melissengeist* wohltuend wirken (z.B. *Balsamischer Melissengeist*[2]).

Trinken Sie in jedem Fall reichlich!

Sollten dennoch Durchfall und/oder Erbrechen eintreten, so ist auf folgende Warnzeichen zu achten: Anhaltendes Fieber und stärkere, lokalisierte Schmerzen (z.B. im rechten Unterbauch) sowie anhaltende Durchfälle oder Blutbeimengungen sind Alarmzeichen, die das Hinzuziehen eines Arztes erfordern. Generell ist auf ausreichende Flüssigkeits- und Salzzufuhr zu achten. Hier kann eine klare Gemüsebrühe Wunder wirken, während ansonsten gefastet wird. Ein nicht zu starker, etwas gesüßter schwarzer Tee dämmt durch seine gerbende Wirkung die überschießende Sekretion im Darm ein und wirkt kreislaufstabilisierend.

Zum Ausgleich großer Flüssigkeits- und Salzverluste kann das Trinken von Elektrolytlösungen (z.B. *Elotrans, Oralpädon*) sinnvoll sein. Sollte es zur Versorgung kleiner Kinder nicht möglich sein, keimfreies Wasser oder sterile Elektrolytlösungen zu bekommen, so stellt frische Kokosmilch, die in der Regel so gut wie steril ist, eine ideale Ersatzlösung dar mit einer ausgewogenen Zucker- und Mineralienverteilung.

Medikamentös empfehle ich meinen Patienten *Bolus alba comp. N* Pulver[1] (1 Teelöffel in einem halben Glas Wasser, alle 15 Minuten einen Schluck trinken, jedesmal umrühren, da sich die Tonerde absetzt). Bei sehr heftigen Durchfällen mit Kreislaufschwäche und Schwindelgefühl soll zusätzlich *Veratrum e radice D6 Glob.* (halbstündlich 5 Glob.) genommen und reichlich getrunken werden. Ist keine ausreichende Flüssigkeitszufuhr möglich, bedarf es besonders beim Kleinkind eventu-

ell einer Infusion durch den Arzt. Alarmsymptome einer gefährlichen Austrocknung sind u.a. eine trockene Zunge, stärkerer Gewichtsverlust, ansteigendes Fieber und ein nicht sofortiges verstreichen einer angehobenen Hautfalte.

Nach Abklingen der akuten Symptome und Wiedereinstellen des Hungergefühls erfolgt ein vorsichtiger Nahrungsaufbau z.B. mit Zwieback, geriebenem Apfel, gekochten Karotten oder Kartoffelbrei. Hört der Durchfall nach einigen Tagen nicht auf, so muss ein Arzt aufgesucht werden, der evtuell Stuhluntersuchungen (z.B. auf Amöben und Lamblien) veranlassen wird.

In vielen orientalischen Ländern gehört der Wasserverkäufer zum traditionellen Straßenbild. Der Reisende sollte seinen Durst jedoch besser mit Mineralwasser stillen.

Bergesmatten hinauf

schweift der Blick,

ruh-empfangen.

Wo nur des Hirten weilt

oder des Mähders Fuß,

trägt er mich hin.

Und ich lieg und träume,

Felsen und Bäumen gleich,

Hochweltgedanken …

Während tief unten,

ein hastender Bach,

der Tag rauscht.

Christian Morgenstern

In den Bergen

Viele Menschen erleben, dass mit dem zunehmenden Abstand zu den ‹Niederungen›, den sie beim Bergaufgehen erfahren, die Alltagslast von ihnen abfällt und man nicht nur äußerlich mehr Übersicht gewinnt. Allergiker fühlen sich in der pollenarmen Luft der Berge oft besonders wohl.

Aber vom Gebirge gehen auch besondere Gefahren aus. Selbstverständlich muss man sich durch eigene Erfahrung oder durch die eines Führers, durch geeignete Technik und Ausrüstung (z.B. ausreichendes, gut eingelaufenes Schuhwerk, warme Kleidung!) vor Unfallgefahren schützen. Dies kann hier nicht im Einzelnen behandelt werden. Es gibt aber einiges Grundsätzliche zu berücksichtigen:

Die Wirkung der Sonneneinstrahlung ist in den Bergen besonders intensiv, wird in der kühlen Luft aber oft erst bemerkt, wenn eine Hautschädigung bereits eingesetzt hat. Besondere Sorgfalt beim Sonnenschutz (hoher Lichtschutzfaktor, Kopfbedeckung

Intensive Sonneneinwirkung wird oft zu spät bemerkt

etc.) ist unbedingt erforderlich. In besonderem Maße gilt das für Kinder.

Gletscherbrand Bei vielen Menschen löst starke Sonneneinwirkung ‹Fieberbläschen› oder ‹Gletscherbrand› genannte brennende Bläschen an den Lippen hervor. Es handelt sich hierbei um die Reaktivierung einer Herpesinfektion. Meist hilft es, wenn man 10 Globuli *Rhus toxicodendron ex herba D12* in einem halben Glas Wasser auflöst und halbstündlich einen Schluck nimmt. Vor dem Hinunterschlucken sollte man die Flüssigkeit etwas im Mund behalten. Wenn das (wirksamkeitssteigernde!) Auflösen der Globuli zu umständlich ist, kann man halbstündlich drei davon auf der Zunge zergehen lassen. Zusätzlich kann man täglich mehrfach z.B. *Lomaherpan*-Creme auftragen, die einen Melissenextrakt enthält. Oft ist dies aber gar nicht mehr nötig, wenn Rhus toxicodendron genommen wird. Sollte diese Behandlung nicht ausreichen, hat sich oft die zusätzliche Anwendung von *Natrium muriaticum D12* (in der gleichen Weise wie oben beschrieben) bewährt.

Vermehrter Flüssigkeitsbedarf Der Flüssigkeitsbedarf steigt in der Höhe erheblich an. Einerseits schwitzt man durch die Anstrengung stärker, andererseits sind die unbemerkten Flüssigkeitsverluste durch die Atmung sehr viel höher als im Flachland. Eine gut gefüllte Trinkflasche gehört unabdingbar zur Ausrüstung. Die Trinkmenge sollte immer so hoch sein, dass am Tag mindestens ein Liter Urin ausgeschieden wird. Dazu kann es nötig sein, gut vier Liter Flüssigkeit zu trinken. Die Getränke brauchen keineswegs isotonisch zu sein, die Salz- und Mineralstoffverluste lassen sich ebenso gut durch ein Käsebrot und etwas Obst ausgleichen. Dagegen kann es empfehlenswert sein, beispielsweise den Tee zu süßen, um eine rasche Zufuhr von Kohlenhydraten bei drohender Erschöpfung zu gewährleisten.

Extreme körperliche Belastung vermeiden! Entscheidend aber ist es, Erschöpfung zu vermeiden. Vor allem zu Beginn des Berganstiegs sollte man ein deutlich langsameres Gehtempo anschlagen. Gleichmäßiges Gehen in einem selbstgewählten Rhythmus trägt entscheidend dazu bei, dass die Kräfte geschont werden.

Höhenkrankheit In Höhen über 2500 m kann aufgrund des stark abfallenden

Sauerstoffgehaltes der Luft die sogenannte Höhenkrankheit auftreten, die akut lebensgefährlich sein kann. Patienten mit chronischen Herz- und Lungenerkrankungen sollten generell mit ihrem Arzt darüber sprechen, ob ihnen solche Höhen zuträglich sind. Da man heutzutage auch als einfacher Tourist mit dem Flugzeug solche Höhen z.B. in den Anden oder im Himalaya leicht erreichen kann, ist dies besonders zu berücksichtigen. Die Höhenkrankheit kann vor allem Gehirn und Lungen betreffen. In beiden Organen können Flüssigkeitseinlagerungen auftreten, die zu schwerwiegenden Funktionsveränderungen führen.

Man erkennt das Entstehen einer Höhenkrankheit an zunehmenden Kopfschmerzen, an den Schwierigkeiten, geradeaus zu gehen, und an Atemnot, die auch beim Rasten anhält. Beim

Fortschreiten kann es zu Benommenheit, blutig-schaumigem Husten, Halluzinationen, Bewusstlosigkeit und schließlich zum Tod kommen. Entscheidend ist es, beginnende Zeichen nicht zu übersehen oder zu übergehen. Besonders gefährlich ist es, wenn man in einer Gruppe geht und die anderen Teilnehmer nicht aufhalten möchte. Entsprechend ist das Risiko zu erkranken oder gar an der Höhenkrankheit zu sterben in Gruppen deutlich höher als bei Einzelreisenden. Auffallend ist, dass trainierte Sportler anfälliger

Rasche Höhenveränderung kann lebensgefährlich sein

Bergwanderungen können zum herausragenden Erlebnis werden, sie sind jedoch mit extremen körperlichen Belastungen verbunden.

sind, wohl weil sie schneller vorangehen und sich zu viel zumuten.

Sofortmaßnahmen bei Höhenkrankheit

Beobachtet man bei sich selbst die genannten Symptome, so sollte man nicht höher hinaufsteigen. Halten die Erscheinungen an oder verschlimmern sich, so muss auf eine Höhe abgestiegen werden, die unter derjenigen liegt, die zuletzt gut vertragen wurde. Entscheidend ist, dass vor allem nicht mehr auf der Höhe übernachtet wird, auf der Beschwerden aufgetreten sind. Da auch Beeinträchtigungen des Gleichgewichtes und Urteilsvermögens auftreten können, muss der Erkrankte von einem Gesunden begleitet werden. Bei geführten Gruppen (z.B. bei Trekking-Touren) werden oft auch Überdrucksäcke mitgeführt, in die Erkrankte bis zum Abklingen der Symptome gelegt werden. Dies führt zu vorübergehender Besserung, erspart aber nicht den Abstieg.

Bestimmte Medikamente, die auf die Flüssigkeitseinlagerung wirken, können indiziert sein, auch mit potenzierten Heilmitteln lassen sich Erfolge erzielen. Zu ihrer richtigen Anwendung gehört aber ärztliche Erfahrung. Entscheidend bleibt die rechtzeitige Erkennung und Bereitschaft, gegebenenfalls wieder abzusteigen.

Durch vernünftiges Verhalten lässt sich das Auftreten der Höhenkrankheit fast immer vermeiden. Neben dem erwähnten langsamen Gehen ist es entscheidend, keine zu großen Tagesetappen einzulegen und zumindest oberhalb von 2000 m pro Tag nicht mehr als 400 bis 500 Höhenmeter aufzusteigen (kurzfristig können größere Höhen toleriert werden, die Schlafhöhe muss dann aber wieder niedriger liegen). Nach jeweils 1000 Höhenmetern sollte ein Rasttag eingelegt werden. Der Erfolg der Höhenanpassung lässt sich leicht daran kontrollieren, dass auf dem gewählten Niveau der zunächst erhöhte Ruhepuls wieder zum Normalmaß der Talhöhe zurückkehrt. *Geringes Risiko durch langsame Höhenanpassung*

Nach Auffassung Einzelner beugt reichlicher Knoblauchgenuss der Höhenkrankheit vor. Dies ist zwar nicht erwiesen, aber durchaus denkbar, denn Knoblauch wirkt positiv auf bestimmte Aspekte der Durchblutung. Von den möglichen ‹sozialen Nebenwirkungen› abgesehen, ist dies jedenfalls eine ungefährliche Maßnahme. Auch scheint eine hohe Trinkmenge einen gewissen Schutz darzustellen. Auf jeden Fall gilt dies für die im Zuge der in den Bergen drohenden Austrocknung erhöhte Thrombosegefahr.

Im Winter müssen bei der Planung von Skitouren selbstverständlich die Lawinenwarnungen beachtet und gefährliche Hänge gemieden werden.

Schon habe ich viel in meinem Innern gewonnen;

schon habe ich viele Ideen, auf denen ich fest hielt,

die mich und andere unglücklich machten,

hingegeben und bin um vieles freier.

Täglich werfe ich eine neue Schale ab

und hoffe, als ein Mensch wiederzukehren.

Johann Wolfgang Goethe

Erkältung

Auch im Urlaub kann man sich erkälten. Dazu tragen Wetterwechsel, aber auch die oft übertrieben kühlenden Klimaanlagen in Zug oder Flugzeug, auch in Restaurants und Hotels, bei. Erkältungen, die durch einen solchen Wechsel von warm nach kalt entstehen, bessern sich oft durch *Dulcamara D6*. Es gilt dies im Übrigen gleichermaßen für rheumatische Muskelbeschwerden (bei diesen ist allerdings auch *Rhus toxicodendron D6* sehr wirksam, wenn Luftzug die Ursache der Beschwerden ist), Neuralgien, Entzündungen von Ohren und Rachen sowie Blasenbeschwerden.

Ansonsten wird für alle Entzündungen im Kopfbereich mit akuten Schmerzen (Nebenhöhlen-, Ohren-, Zahnschmerzen) *Silicea comp. Glob.*[1] (5 x tgl. 5 Glob.) empfohlen. Selbstverständlich ist ein Arzt aufzusuchen, wenn nicht bald Besserung einsetzt. Lokal kann zur Behandlung von Ohrenschmerzen ein Zwiebelwickel aufgelegt werden. Man hackt hierzu eine Zwiebel, schlägt die Zwiebelwürfel in ein dünnes Tuch ein, z.B. in ein Taschentuch, und befestigt das Säckchen mit einem weiteren Tuch außen auf dem Ohr.

Entzündungen im Kopfbereich

Schnupfen Ein Schnupfen, auch bei leichterer Nebenhöhlenbeteiligung, spricht oft gut auf *Agropyron comp. Glob.*[1] (stdl. bis 5 mal tgl. 5 Glob.) an. Bei ‹verstopfter Nase› oder trockenen Schleimhäuten lindert *Nasenöl*[2] oder *Nasenbalsam*[1] (*mild*) bzw. *Schnupfencreme*[2] oft rasch.

Halsschmerzen Halsschmerzen werden mit *Apis/Belladonna cum Mercurio Glob.*[1] (bis zu 6 x 5 Glob.) oder *Echinacea comp. Essenz*[1] (ca. 4 x tgl. einsprühen) gelindert. Wegen des Gehalts an Echinacea gelten dieselben Einschränkungen bei Autoimmunerkrankungen wie im Kapitel über Mund- und Zahnbeschwerden genannt werden (siehe S. 82). Auch *Bolus Eucalypti comp.*[2], welches kein Echinacea enthält, kann eingesetzt werden. Vor allem dann, wenn gleichzeitig Halsschmerzen und Schnupfen bestehen, helfen *Pyrit/Zinnober Tabl.*[2] (4–5 x tgl. eine Tablette) gut. Bei länger anhaltenden fieberhaften Beschwerden, stärkeren Schluckbeschwerden, starken Schmerzen oder deutlicher Lymphknotenschwellung muss ein Arzt hinzugezogen werden, z.B. um Scharlach ausschließen zu können. Scharlach erfordert wegen der Möglichkeit von ‹Nachkrankheiten›, die Herz, Gelenke oder Nieren schädigen können, spezielle Behandlung und längere Bettruhe. Äußerlich kann man bei Halsschmerzen einen Zitronenwickel anlegen (Saft einer Zitrone mit 1/4 l heißem Wasser verdünnen, Tuch befeuchten, auswringen, auf die Halsvorderseite auflegen, mit trockenem Baumwolltuch rasch bedecken und mit einem Wollschal befestigen. Der Wickel kann so lange liegen bleiben, wie es angenehm ist).

Husten Gegen Husten hilft meist *Bronchi/Plantago comp. Glob.*[1] (stündlich 5 Glob., bis zu 5 x tgl.). Handelt es sich lediglich um einen oberflächlichen Reizhusten, so ist *Archangelica comp. Glob.*[1] in der gleichen Dosierung besser. Die vor allem nachts lästigen Hustenanfälle mit längeren Pausen sprechen oft ausgezeichnet auf *Olivenit D8*[2] an (vor dem Schlafengehen 5 Tropfen, bei Bedarf alle halbe Stunde). Ein guter Hustentee kann ausgezeichnete Dienste tun. Ich empfehle oft zu gleichen Teilen Eibischwurzeln, Malvenblüten, Lindenblüten und eventuell Isländisches Moos. Davon soll ein gehäufter Teelöffel mit kochendem Wasser übergossen werden. Nach 5 bis 10 Minuten Ziehen kann der Tee, evtentuell mit Honig gesüßt, getrunken werden. Wenn man möchte, kann man noch etwas Zitrone zufügen, die Farbe des Tees wechselt dann von blau nach rot. Wem das zu umständlich ist, der kann einen pflanzlichen Hustensaft verwenden. Präparate anthroposophischer Hersteller sind z.B. *Hustenelixier*[2] oder *Pulmonium Hustensaft*[1].

Vor allem durch Auskühlen beim Baden, nasse Badekleidung oder Sitzen auf kühlem Boden kann eine Blasenreizung ausgelöst werden, die z.B. durch vermehrten Harndrang und Brennen beim Wasserlassen Beschwerden macht. Vor allem bei Mädchen und Frauen treten solche Erscheinungen oft auf. Häufig kann durch *Cantharis comp. Glob.*[1] (4 x tgl. 5 Glob.) und reichliches Trinken eine rasche Heilung erreicht werden. Ein Blasentee unterstützt den Heilungsverlauf. Es kann hier z.B. eine Mischung von Birkenblättern, Goldrutenkraut und Schafgarbe empfohlen werden. Halten die Beschwerden an oder treten Fieber und Rückenschmerzen hinzu, kann dies auf eine Nierenbeteiligung hinweisen. Hier muss unbedingt ein Arzt hinzugezogen werden.

Blasenreizung

Generell ist Fieber eine sinnvolle ‹Heilreaktion› des Organismus, die eine Überwindung der Krankheit erleichtert. Bei einigen Infektionskrankheiten wurde sogar nachgewiesen, dass allopathische fiebersenkende Maßnahmen die Erkrankung wesentlich verschlimmern können. Für die Wahl eines potenzierten Heilmittels ist die Art, wie das Fieber auftritt, hinweisend: Bei plötzlich einsetzendem Fieber, z.B. nach Unterkühlung, kann *Aconitum D6*, stündlich 5 Glob. oder Tropfen genommen werden, verbunden mit Schwitzen ist *Atropa belladonna D6* besser. Ist der Patient eher blass, sollte Aconitum genommen werden, bei gerötetem Gesicht dagegen Belladonna. Hält das Fieber mehrere Tage an oder übersteigt es bei Kindern 40°C bzw. bei Erwachsenen 39°C, so sollte eine Klärung durch einen Arzt erfolgen. Gleiches gilt selbstverständlich, wenn es dem Patienten zunehmend schlechter geht, er Verwirrtheitserscheinungen zeigt oder stärkere lokale Schmerzen hat. Auch Übelkeit und Erbrechen mit Nackensteife beim Beugen des Kopfes ist ein Alarmsignal, da es auf eine mögliche Hirnhautentzündung hinweisen kann.

Fieber

Wolken, wälderwärts gegangen,

Wolken, fliegend übers Haus,

Könnt ich an euch fest mich hangen,

Mit euch fliegen weit hinaus!

Joseph von Eichendorff

Mund- und Zahnbeschwerden

Zahnschmerzen können zu den unangenehmsten Erlebnissen gehören und einen Urlaub ernsthaft beeinträchtigen. Eine gesunde, mineralstoffreiche Ernährung mit nicht zu hohem Zuckeranteil und regelmäßige Zahnpflege kann Zahnproblemen mit großer Sicherheit vorbeugen. Übrigens zeigen Untersuchungen, dass eine einmalige (abendliche) Zahnreinigung ausreichen kann, wenn sie wirklich perfekt ist; in jedem Fall ist sie wirksamer, als dreimal täglich nur kurz mit der Zahnbürste über die Zähne zu bürsten. Einmal am Tag ist auch eine Reinigung der Zahnzwischenräume (z.B. mit Zahnseide) erforderlich.

Eine wirklich gute Zahnpflege ist nicht ganz einfach und man sollte sich gegebenenfalls vom Zahnarzt zeigen lassen, wie man dabei vorgeht. Man sollte auch beachten, dass säurehaltige Getränke den Zahn entmineralisieren und besonders angreifbar machen. In hohem Maße gilt dies für die stark phosphorsäurehaltigen Colagetränke, aber auch für viele Limonaden. Putzt man die Zähne

Vorbeugung durch die richtige Zahnpflege

gleich nach dem Genuss solcher Getränke mit einer harten Zahnbürste, so kann dies zu einer mechanischen Zahnschmelzschädigung beitragen. Es ist besser, zunächst den Mund nur mit Wasser auszuspülen und die Zähne erst nach einer halben Stunde zu putzen, da durch den Speichel eine Remineralisierung der Zahnoberfläche erfolgt. Aus diesem Grund sind auch Zahncremes, die z.B. durch ihren Salzgehalt (wie *Sole-Zahncreme*[2])den Speichelfluss fördern, zu empfehlen.

Vor längeren
Reisen den
Zahnarzt
aufsuchen

Vor einer längeren Reise – vor allem wenn sie in Gegenden mit schlechter Gesundheitsversorgung führt – sollte noch ein Zahnarztbesuch stehen, um unliebsame Überraschungen zu vermeiden. Akute Zahnschmerzen erfordern eigentlich immer eine zahnärztliche Versorgung; sollte es aber voraussehbar sein, dass man im Reiseland längere Zeit ohne sie auskommen muss, so kann die Mitnahme eines Notfall-Zahnsets (mit Spiegel, Spachtel, provisorischem Füllmaterial, Tupfer etc.) sinnvoll sein. Es gibt derartige Sets in Fachgeschäften für Globetrotter. Keinesfalls sollte man damit aber ‹Zahnarzt spielen›, wenn es sich vermeiden lässt. Geht es dagegen nur vorübergehend darum, einen überempfindlichen Zahn oder eine entzündete Stelle am Zahnfleisch zu besänftigen, so kann ein mit wenigen Tropfen Nelkenöl getränkter Wattebausch oder – noch einfacher – das Kauen auf einer Gewürznelke eine Wohltat sein.

Schmerzlindernde
Maßnahmen

Sehr häufig lässt sich ein Zahnschmerz (der im Übrigen durch Reizung der Zahnpulpa, des ‹Nerven›, auch nach der Behandlung durch den Zahnarzt noch einige Zeit anhalten kann) durch eine Kombination aus *Silicea comp.*[1] und *Pulpa dentis Gl D30*[1] eindämmen. Diese Mittel wirken nicht nur schmerzlindernd, sondern auch heilend auf den zugrunde liegenden Reizzustand bzw. Entzündungsprozess. Leider helfen diese Mittel nur dann wirklich zuverlässig, wenn sie als Ampulle gespritzt werden – am besten in der Nähe des Zahnes. Für die meisten Reisenden kommt diese Applikationsform also nicht in Betracht, im Einzelfall kann einem ein entsprechend erfahrener anthroposophischer (Haus-)Zahnarzt aber die entsprechende Technik beibringen. Eine gewisse Hilfe

Selbst bei starken Zahnbeschwerden ist es nicht immer ratsam, sich den Behandlungsmethoden anzuvertrauen, wie sie auf orientalischen Märkten praktiziert werden.

besteht aber auch schon darin, den Ampulleninhalt mit dem beiliegenden Röhrchen wie durch einen Strohhalm aufzusaugen und einige Minuten im Mund zu bewahren. Durch die Schleimhaut findet eine Resorption statt, welche ebenfalls eine gewisse Wirksamkeit verspricht.

Zahnfleisch- und Mundschleimhautentzündungen können ebenfalls sehr unangenehm sein und jede Nahrungsaufnahme zur Qual machen. Ursache dafür sind oft Virusinfekte, aber auch Druckstellen durch Zahnprothesen oder kieferorthopädische Geräte. Erfahrungsgemäß hilft bei solchen Druckstellen *Mundbalsam-Gelee*[1] gut und rasch. Sind sie durch Zahnprothesen verursacht, so kann man diese vor dem Einsetzen mit dem Balsam bestreichen, ansonsten gibt man das Gel direkt auf die betroffene Stelle und atmet kurze Zeit durch den Mund, um es etwas antrocknen zu lassen.

Zahnfleisch- und Mundschleimhautentzündungen

Bei spontan auftretenden Zahnfleischentzündungen wird von mir in der Praxis meist *Mundbalsam flüssig*[1] empfohlen. Dieser wird bis zu stündlich auf die betroffenen Stellen mittels einer beiliegenden Pipette aufgetropft. Ist die Mundhöhle großflächig betroffen, so empfiehlt es sich, eine Pipettenfüllung in ein halbes Glas Wasser zu geben und häufig damit vorsichtige Mundspülungen zu machen. Viele Patienten berichten über eine rasche Linderung ihrer Beschwerden.

Mundbalsam flüssig enthält Echinacea in potenzierter Form, was als Anregung zur Virusüberwindung sinnvoll ist. Theoretische Erwägungen von Seiten der Zulassungsbehörde haben dazu geführt, dass eine Warnung vor der Anwendung bei Krankheiten ausgesprochen werden muss, bei denen eine überschießende oder falsche Immunfunktion besteht (z.B. bei Multipler Sklerose, Diabetes mellitus vom Jugendlichentyp, bestimmten rheumatischen Erkrankungen etc.). Meiner Einschätzung nach sind bei diesen Erkrankungen durch potenzierte Echinacea in der hier vorhandenen Konzentration (sie entspricht einer D4-Potenzierung) keine ungünstigen Reaktionen zu erwarten, offiziell muss aber die genannte Einschränkung gemacht werden. Im Zweifelsfall kann man *Ratanhia comp. Lösung*[2] verwenden, die keine Echinacea enthält, dafür jedoch mit 69 % einen hohen Alkoholgehalt aufweist.

Bei stärkerer Beeinträchtigung des Befindens im Rahmen einer virusbedingten Mundschleimhautentzündung sollte innerlich noch *Mercurius solubilis D12* (10 Globuli oder Tropfen in einem halben Glas Wasser, davon anfangs halbstündlich, dann alle 1–2 Stunden ein Schluck) genommen werden. Wie üblich sollte diese Flüssigkeit vor dem Hinunterschlucken etwas im Mund bewahrt werden.

Sollte die Entzündung so schlimm sein, dass man vor allem beim Trinken längere Zeit ernsthaft beeinträchtigt ist, so muss ein Arzt aufgesucht werden. Dies gilt besonders dann, wenn kleinere Kinder betroffen sind.

Wir hoffen, dass Ihnen diese Hinweise helfen, Ihren Urlaub gesund zu verbringen, und wünschen Ihnen dabei viel Freude und gute Erholung!

*Wer Regionen
besucht, in denen
der nächste Arzt
einige Tagesreisen
entfernt ist, sollte
stets eine Grund-
ausstattung zur
medizinischen
Selbstversorgung
mit sich führen.*

Ich kann dir nicht sagen,

wie angenehm mir dieses Leben ist.

Ich bin frei wie der Vogel in der Luft.

Mit all den Entbehrungen fühle ich mich

wahrlich hundert Male bequemer,

als wenn ich von tausend unnötigen

Bequemlichkeiten belästigt würde.

Hermann Fürst von Pückler-Muskau

Vorschlag für Ihre Reiseapotheke

Je nachdem, wie sie Ihren Urlaub gestalten wollen, wird auch die ‹Apotheke für Unterwegs› unterschiedlich aussehen müssen. Es wäre sicher zu mühselig, immer alles mit sich zu führen, vor allem, wenn Sie in eine Region fahren, in der Sie die nötigen Arzneimittel rasch über eine Apotheke bekommen können. Sollten Sie dagegen in ein unwegsames Gebiet fern aller Städte und heimischer Infrastruktur fahren, müssen Sie alles dabei haben, was Ihnen im Ernstfall helfen kann. Auch werden Sie sich bei einem Badeurlaub zusätzlich mit Mitteln ausrüsten, die bei Quallenverletzungen und Seeigelstacheln helfen, bei einem Skiurlaub sollten Sie dagegen auf Erkältungskrankheiten und Verstauchungen eingestellt sein. Nachfolgend soll deshalb nur eine sinnvolle Grundausrüstung vorgeschlagen werden, die Sie entsprechend den einzelnen Kapiteln dieses Büchleins und ihren persönlichen Bedürfnissen ergänzen können.

Was den Einheimischen schmeckt, muss dem Touristen noch lange nicht bekömmlich sein.

Im Text werden häufiger Präparate verschiedener Hersteller als Alternative genannt. Wo dies sinnvoll erschien, wurde differenziert, wann bevorzugt welches Präparat eingesetzt werden sollte. Bei Heilmittelkompositionen sollte tatsächlich das firmenspezifische Präparat gewählt werden, da die Zusammensetzungen bei unterschiedlichen Herstellern verschieden sein können.

Bei Einzelpräparaten ist die Entscheidung schwieriger. Im Eingangskapitel (siehe S. 9ff.) wurde auf besondere Herstellungsverfahren anthroposophischer Arzneimittelhersteller hingewiesen. So werden die pflanzlichen Arzneimittel von Wala durch die beschriebene Rhythmisierung bzw. durch wässrige Fermentation unter Anwendung von Rhythmen hergestellt. Bei den Weleda-Arzneimitteln gilt dies für die Rh-Präparate, während ansonsten im Allgemeinen alkoholische Auszüge angefertigt werden. Die für die orale Anwendung bestimmten Präparate sind bei Wala im Allgemeinen alkoholfreie Globuli, bei Weleda alkoholische Tropfen. In beiden Fällen ist die kleinste Packungseinheit 20g.

Wenn auf der Reise nur wenig Platz für Medikamente vorhanden ist, kann es im Einzelfall praktisch sein, Globuli nichtanthroposophischer Hersteller zu verwenden, die oft auch in 10g Packungen abgegeben werden. Allerdings werden diese Präparate oft in weniger aufwendigen Herstellungsverfahren, die nach Ansicht des Verfassers durchaus Einfluss auf die Wirksamkeit haben, zubereitet; für den Bedarf einer Reiseapotheke können diese Mittel aber durchaus sinnvoll sein.

Globuli und alkoholische Tropfen können lange Zeit ohne Wirksamkeitsverlust aufbewahrt werden. Das angegebene Haltbarkeits-datum ist durch eine arzneimittelrechtliche Vorschrift bedingt, wo-nach Medikamenten, in denen ein Wirkstoff mit chemischen Mit-teln nicht nachweisbar ist (dies ist bei höheren Potenzen in der Regel der Fall), höchstens eine Haltbarkeit von 5 Jahren zugestan-den wird. Es wurden aber auch schon über 100 Jahre alte Globuli erfolgreich therapeutisch verwendet. Wässrige Medikamente, das sind z.B. die Rh-Präparate, müssen im Gegensatz zu Globuli kühl aufbewahrt werden und sind nach Anbruch der Flasche höchstens vier Wochen haltbar. In allen genannten Fällen, wo es von Weleda wässrige Rh-Präparate gibt, existieren auch alkoholische Tropfen derselben Potenz. Falls keine Kühlmöglichkeit besteht, kann es bei einer Reiseapotheke sinnvoll sein, auf diese oder auf Globuli aus-zuweichen.

Nachfolgend finden Sie einen Vorschlag für die Grundausstat-tung einer Reiseapotheke. Getrennt davon sind diejenigen Präpara-te aufgeführt, die im vorliegenden Band genannt sind, aber nicht in jedem Falle erforderlich sein werden. Hier sollte eine Auswahl nach dem individuellen Bedarf erfolgen. Präparate, bei denen Al-ternativentscheidungen als möglich erscheinen, sind stets in der gleichen Reihe genannt.

Erkältung, mit Schnupfen und Halsbeschwerden	Pyrit/Zinnober Tbl.[1], 10 g	*Die hochgestellten Ziffern bezeichnen Präparate folgen-*
Erkältung (als Folge von Durchnässung und Temperaturwechsel)	Dulcamara ex herba D6 Glob.[1], 20 g Dulcamara D6 Dil.[2], 20 ml Dulcamara D6 Glob.	*der Hersteller:* *[1] Wala, [2] Weleda*
Fiebrige Erkältung (charakteristisch ist ein plötzlicher Beschwerde-beginn, trockene Haut, hohes Fieber, Blässe)	Aconitum tub. D10 Glob.[1], 20 g Aconitum Rh D6 Dil.[2], 20 ml Aconitum D6 Glob.	

Heftiges Fieber mit Schweiß; Sonnenstich; klopfende Kopfschmerzen	Atropa belladonna ex herba D6[1], 20 g Belladonna Rh D6 Dil.[2], 20 ml Belladonna D6 Glob.
Schnupfen, auch mit leichter Nebenhöhlenbeteiligung	Nasenbalsam (mild)[1], 10 g Schnupfencreme[2], 10 g Silicea comp. Glob.
Halsschmerzen	Echinacea comp. Essenz[1], 50 ml Bolus Eucalypti comp.[2], 50 g Apis/Belladonna cum Mercurio Glob.[1], 20g
Husten	Bronchi/Plantago comp. Glob.[1], 20 g Archangelica comp. Glob.[1], 20 g Olivenit D8[2], 20 ml Pulmonium-Hustensaft N[1], 90 ml Hustenelixier[2]
schmerzhafte Entzündungen im Kopfbereich	Silicea comp. Glob.[1], 20 g
Schleimhautschwellungen der Nase	Rhinomer®-Nasenspray, Nasivin®, Otriven®, Olynth®
Schleimhautreizungen bei Flugreisen	Bakanasan Carotin plus Selen, C, E
Reisekrankheit	Aurum/Valeriana comp. Glob.[1], 20 g Nausyn® Tbl.[2], 10 g Cocculus e fruct. D6 Glob.[1], 20 g Cocculus D12 Dil.[2], 20 ml Cocculus Glob.

Flugempfindlichkeit, Wetterfühligkeit	Solum uliginosum comp. Glob.[1], 20 g
Jetlag	Cardiodoron® mite[2], 20 ml Ferrum-Quarz Kapseln[2], 20 St. Vitamin B 12
Schlafstörungen	Passiflora comp. Glob.[1], 20 g
Venenprobleme	Hirudo comp. Glob.[1], 20 g Lotio Pruni comp. cum Cupro[2], 100 ml
Bindehautentzündungen	Euphrasia Einzeldosis-Augentropfen[1], 5 Stück Euphrasia D3 Augentropfen[2]
Entzündungen, Sonnenbrand	Apis melifica D30 Dil.[2], 20 ml
Verletzungen, Verbrennungen	Wund- und Brandgel[1], 30 g Combudoron®[2]
Insektenstiche	Luvos-Heilerde Wund- und Brandgel[1], 30 g Combudoron®[2]
Bissverletzungen	Lachesis D12[2], 20 ml
Begleittherapie zur Malariaprophylaxe	Anagallis comp. Glob.[1], 20 g Hepatodoron Tbl.[2], 50 g Carduus marianus Kapseln[2] Okoubaka D6 Glob.
Wundbehandlung, infizierte Insektenstiche	Ledum D3 Dil.[2], 20 ml Ledum D3 Glob.

Verletzungen, stumpf (ohne Hautläsion)	Arnika Wundtuch, 5 Stück[1] Arnika-Salbe[1], 30 g Arnika-Gelee[2] Arnica D6 Glob.
Wundreinigung	Calendula-Essenz[1], 100 ml Calendula-Essenz[2], 50 ml PVP-Jod, Betaisodona®-Lösung, Braunol 2000® o.ä.
Wundheilung bei scharfen Verletzungen	Staphisagria e semine D12 Glob.[1], 20 g Staphisagria D12 Dil.[2], 20 ml
Förderung der Knochen- bruchheilung	Symphytum comp. Glob.[1], 20 g Symphytum comp. Dil.[2], 20 ml Periosteum Gl D15 Amp.[1] Periosteum Gl D6 Amp.[1]
Muskelverspannungen, Muskelkater, Blutergüsse	Arnica e planta tota D6 Glob.[1], 20 g Arnica, Planta tota Rh D6 Dil.[2], 20 ml Arnica D6 Glob.
Zerrungen	Ruta ex herba D6 Glob.[1], 20 g Ruta graveoleus D6, Dil.[2], 20 ml[2] Ruta D6 Glob.
Kreislaufschwäche; auch bei Hitzschlag und Durchfallerkrankungen	Veratrum e radice D6[1], 20g Veratrum album, äthanol. Decoct. D6 Dil.[2], 20 ml Veratrum D6 Glob.

Magen/Darmerkrankungen	Bolus alba comp. N Pulver[1], 50 g (bei stärkerer Kreislaufschwäche zusätzlich Veratrum D6) Oralpädon®, Elotrans® o.ä.
Verdauungsstörungen	Bitter-Elixier[1] Enzian-Magentonikum[1] Amara-Tropfen[2], 20 ml Balsamischer Melissengeist[2] Melissengeist
Zahnfleischentzündungen	Mundbalsam flüssig oder Gelatum[1] Ratanhia comp. Lösung[2]

Zur Metamorphosenreihe der Zeichnungen von Hans-Jörg Palm

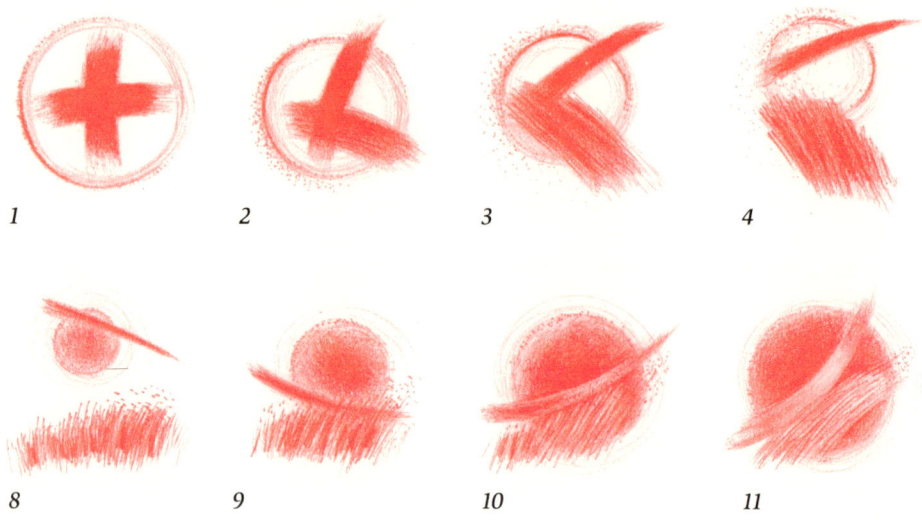

1   2   3   4

8   9   10   11

Die den Kapiteln vorangestellten Zeichnungen von Hans-Jörg Palm stellen für den Leser eine visuelle Hilfe dar, Entwicklungsprozesse, die sonst nur in den Gedankenabläufen eines Buchinhaltes wahrgenommen werden können, in bildlicher Form mitzuvollziehen. Der Leser kann sich dadurch die Entwicklung eines inhaltlichen Stromes bewusst machen. Auf dieser Doppelseite sind die Zeichnungen im Überblick anschaubar.

Die Zeichnungen begleiten auf freie Weise die Inhalte des Buches, sie sind keine konkrete Illustration, sondern entwickeln sich auf ihre spezifische Weise, analog der Entwicklungsvorgänge im Gedankenfluss des Textes.

Dieses Bewusstwerden von Entwicklungsprozessen bzw. Lebensprozessen – beide haben den gleichen Ursprung, die Sphäre des Lebendigen, des ‹Ätherischen› – kann dem Leser eine Hilfe sein, diese Prozesse wahrzunehmen und sie sich bewusst zu machen.

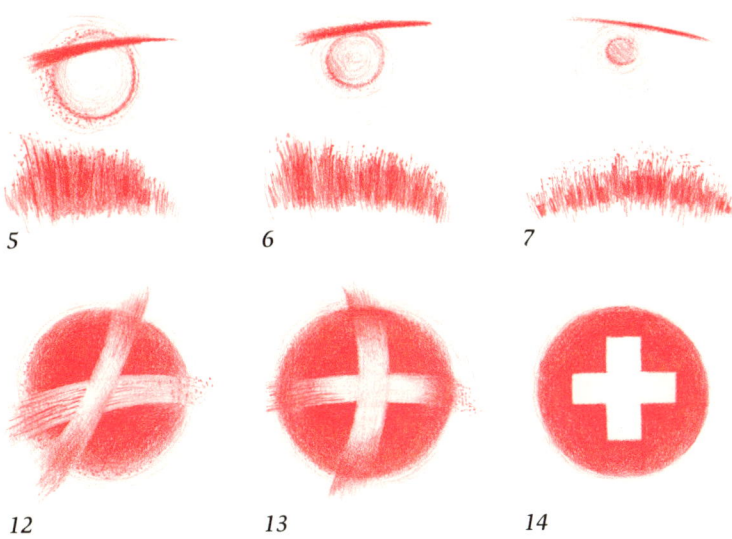

5   6   7

12   13   14

Der Künstler Hans-Jörg Palm

1959	geboren in Vaihingen/Enz
1982/83	Anthroposophisches Studienseminar, Stuttgart
1983-85	Bildhauereistudium, Alanus Kunsthochschule, Bonn
1985-86	Aufbaustudium Bildhauerei, Emerson College, London
1987/88	Naturwissenschaftliches Studienjahr, Goetheanum, Dornach
1989-93	Projekt Landschaftsgestaltung, Goetheanum, Dornach

Seit 1994	frei schaffender Plastiker
Seit 1995	Zusammenarbeit mit K. Hansen (Unternehmensberatung)
Seit 1996	Mitglied im BBK – Südbaden

Ausstellungen und Kunstobjekte in Deutschland, Frankreich, Schweiz, England und Japan

Verzeichnis der Heil- und Pflegepräparate

Stichwortverzeichnis